Leer lo correcto

última línea
de ensayo

Leer lo correcto

correcto

El proceso como una de las bellas artes

Javier Vilaplana

Primera edición, abril de 2024

www.facebook.com/EditorialUltimaLinea

@EdUltimaLinea

ISBN: 978-84-18492-69-3
Depósito legal: MA 1784-2024
THEMA: YPJL

ÍNDICE

La soledad del filósofo, el aislamiento del científico y del artista, la imparcialidad del historiador y del juez, y la independencia del buscador de hechos, el testigo y el reportero.

HANNAH ARENDT

Filosófico es el preguntar y poético el hallazgo

MARÍA ZAMBRANO

A todas aquellas *maestras* y *maestros* —la mayoría sin título oficial— que me han enseñado y me siguen enseñando a eso tan filosófico como preguntar y a eso tan poético como sorprenderse en el hallazgo que conduce a nuevas preguntas.

Gracias.

Para mi familia. Para toda ella. Para la que estaba antes que yo y para la que se ha ido sumando.

INTRODUCCIÓN
AUDIENCIA PÚBLICA

-Ya lo sé.

-Quizás lo sepa, pero no lo comprende.

(*Un mapa para un crimen*, C. HARRISON)

8 de septiembre de 2021. Île de la Cité. París. Se abre la sesión. Comienza el juicio por los célebres y trágicos atentados terroristas cometidos un viernes 13 —de noviembre de 2015— en la Sala Bataclán y en otros dos funestos escenarios de la ciudad de la luz.

Unos días antes, el 2 de septiembre, el diario *El País* comienza a publicar los artículos que Emmanuel Carrère envía periódicamente al semanario francés *L´Obs* y que, posteriormente, darían lugar a su libro *V13. Crónica judicial* (Anagrama, 2023).

Como expresa el propio Carrère al comienzo de la larga serie de textos que semanalmente habrían de ir apareciendo en el periódico —un texto inaugural en el que trataba de explicar los motivos de la titánica tarea que se proponía llevar a cabo, la cual le mantendría plenamente ocupado durante más de nueves meses—, él mismo se consideraba «un escritor a quien nadie ha pedido nada, un escritor que, como los lacanianos dicen del psicoanálisis, sólo se remite a él mismo y a su deseo», alguien, como el propio autor reconocía, que no había resultado dañado personalmente por los atentados y, sin embargo, afirmaba estar interesado en «esa misteriosa actividad humana que consiste en impartir justicia». Y es que, si bien parecería exagerado hablar de un «Núremberg del terrorismo», para el autor de *El adversario* se trataba, en cualquier caso, de «un gran acontecimiento, algo inédito» que debería «encontrar poco a poco sus reglas y su dramaturgia».

Más allá de estas primeras razones, cabe preguntarse el verdadero motivo por el que asistir a varios meses de largas y dramáticas sesiones procesales, así como de escribir sobre un juicio en el que se iban a sentir y expresar «experiencias extremas de muerte y de vida», de seguir el curso de un litigio de tintes inevitablemente macabros que, con el dictado de la sentencia, provocaría un movimiento, un cambio, en quienes hubieran participado *en* el proceso y *del* proceso —no solo acusados, fiscales, abogados, jueces, testigos, peritos..., sino también quienes hubiéramos podido, de alguna manera conocer de sus sesiones a través de la obra publicada por Carrère.

Sin duda, y salvando las distancias, Emmanuel Carrère quería *comprender el mal*, tal y como en 1961, en Jerusalén, le ocurrió a la pensadora Hannah Arendt quien se encomendó al *The New Yorker* para informar sobre el juicio contra Adolf Eichmann, el arquitecto de la «solución final» contra el pueblo judío durante el dominio y el terror nazi.

En este sentido, la obra de Carrère bien puede leerse como una pieza literaria —con un objeto tremendamente doloroso y desconcertante, como es la muerte caprichosa de personas que no tienen ninguna culpa y a las que se le imputa una forzada y supuesta *responsabilidad política* por acontecimientos que se producen en ese concepto tan difuso que es *Oriente*— en la que el proceso judicial actúa como metáfora y el juicio trasciende su evidente utilidad como mecanismo para impartir algo cercano a la justicia, convirtiéndose en un relato, una representación —con sus interrogatorios, sus intercambios de golpes entre acusación y defensa, su concurso agonista de relatos contradictorios, o su *dramaturgia* y cuidada escenografía— que nos ayuda a *comprender*. Sobre todo, *al otro*. Al diferente. Al pobre. Al extranjero. A aquél en cuya mirada, en un primer momento, no somos capaces de encontrar nuestro reflejo.

Especialmente valientes resultan las cariñosas reflexiones que el autor de *El adversario* o *Yoga* hace del titánico trabajo de los abogados y abogadas de la defensa —héroes con toga, *flautistas* con el don de hacer soñar a la gente— quienes, además de legitimar el juicio mismo y, en su caso, las condenas —pues el resultado final, en tanto que fruto de un proceso garantista, debe reputarse *justo*— son las últimas personas, una vez todo el mundo le ha dado la espalda al acusado, en tenderles de nuevo la mano, manteniendo intacta su innegociable humanidad.

La crónica judicial muestra su entusiasta interés por *conocer* —no en vano *cognitio* («conocer» en latín) hunde su origen en un término jurídico relativo al procedimiento de requisitoria judicial— y por comprender, pero también subraya la necesidad de juzgar sin pasiones. Sólo conforme a derecho. Sin caer en prejuicios y dejando al margen los —*legítimos* o al menos *naturales*— deseos de venganza que pudieran albergar algunas de las víctimas. Carrère apunta que, si queremos vivir en una verdadera democracia, tiene que haber alguien que hable a favor de los acusados, los cuales deben poder ofrecer sus razones, así como tener la oportunidad de que verdaderamente se les conozca para, de este modo, no ser juzgados sumariamente como quien sólo ojea la última página de un libro, sin esforzarse en leer toda la obra desde el comienzo.

Comprender no es justificar, como ha subrayado recientemente la filósofa Ana Carrasco-Conde en su obra *Decir el mal*. Sin embargo, como trataremos de esbozar en las líneas que seguirán a continuación, la escritura *literaria* —más aún que la científica,

la jurídica o la filosófica— nos puede ser tanto más útil o provechosa para tratar de comprender no sólo qué pueda ser *el mal*,
sino también ese conjunto, desordenado y mudable, de lo que
entendemos por *condición humana*.

Para tal cometido —indagar entre el inmenso mar de la literatura— nos limitaremos a una concreta figura, una singular forma
artística: la metáfora del juicio. Es decir, el proceso judicial como
cauce no sólo para impartir algo parecido a eso que llamamos justicia, sino también para ayudarnos —con sus interrogatorios, sus
juegos cruzados entre acusación y defensa, su concurso agonista
de relatos contradictorios, o su *dramaturgia* y cuidada escenografía— a *comprender*.

El juicio supone algo parecido a un juego de espejos: de un
lado sitúa a la persona acusada —que atesora un relato de inocencia, al que se aferra— frente al discurso verosímil de la acusación, el cual entra en conflicto con la convicción del encartado
—una convicción que puede ser sincera o impostada, real o táctica— de su no culpabilidad; pero igualmente sitúa al público,
a la audiencia pública que configura una garantía del estado de
derecho, frente a sus propios fantasmas, sienta en el banquillo
sus miedos y les dice que lo miren a los ojos, que no rehúyan ni
den la espalda al mal.

Encontramos juicios en la literatura desde la *Antígona*[1] de Sófocles (siglo V a.d.n.e.) o el diálogo platónico de la *Apología de
Sócrates*, hasta la obra *Terror* del abogado y escritor Ferdinand
Von Schirach (Salamandra, 2019), pasando por Cervantes (*El
juez de los divorcios*), Shakespeare (*El mercader de Venencia*), Camus (*El extranjero*), Miller (*Las brujas de Salem*), Dürrenmatt (y
su lisérgica *La avería*), diversas piezas de Bertolt Brecht, o, claro
está, *El proceso* de Kafka.

---

1   Como señaló el abogado y escritor Jacques Vergès —conocido como *el
abogado del terror,* tras el homónimo documental de 2007 dirigido por el director
alemán Barbet Schroeder—, *Antígona* bien podría ser el primero de los juicios de la
historia, pues se celebra en «la era inmemorial de los dioses y los mitos» (Vergès,
2013: 13).

Sobre alguna de ellas diremos algo en las líneas que siguen, si bien nos detendremos, más pormenorizadamente, en la obra teatral *El sueño de Eichmann* (Gedisa, 2021), del filósofo y escritor francés Michel Onfray, al dar cita y compendiar muchos de los asuntos y temas que aquí nos concitan. Acercarnos a esta pieza nos conducirá, a su vez y como resulta previsible para el lector o lectora, al pensamiento de Hannah Arendt, singularmente en lo que guarda relación con su estudio acerca del mal y sus diferentes epítetos, *banal* y *radical*.

Dividiremos pues este ensayo —que tiene mucho de eso, de tanteo, de apunte, de aproximación, de primera reflexión, de continuo merodeo— en dos partes o sesiones, como todo buen juicio que se precie. En la primera —a su vez, subdividida en dos pequeños apartados— trataremos de armar un mínimo andamiaje conceptual sobre la relación entre literatura, filosofía y derecho o, más concretamente, proceso judicial.

En la segunda parte —con la vista puesta en el itinerario trazado en el primer apartado— abordaremos la citada obra —literaria/filosófica/jurídica— *El sueño de Eichmann* y la pondremos en relación, como se ha adelantado, con el pensamiento de Hannah Arendt, principalmente en lo que tiene que ver son su reflexión sobre el mal —banal y radical o absoluto— y la culpa.

Se abre el telón.
Comienza el juicio.

PRIMERA PARTE

CAPÍTULO I

CUESTIONES PREVIAS: ¿LITERATURA *VS* FILOSOFÍA?

La filosofía parece ocuparse sólo de la verdad, pero quizás no diga más que fantasías, y la literatura parece ocuparse sólo de fantasías, pero quizás diga la verdad.

(*Sostiene Pereira,* A. TABUCCHI)

1.1. Pareciera que viviéramos en la acomodada ficción de la objetividad científica y de la verdad incontrovertible, especialmente cuando es el resultado de una operación aritmética, de un cálculo matemático o de un algoritmo. Esta circunstancia, sin embargo, debe ponerse singularmente en cuestión cuando de aspectos *humanos* —y aún más *humanísticos*— se trata.

Somos biología, sí, pero también, y sobre todo, cultura. El ser humano —siguiendo a Ortega— más que ser una *esencia,* contiene una o varias *historias.* En este sentido resulta muy interesante —como casi todas las reflexiones del desaparecido filósofo— el distingo que, siguiendo la estela del existencialismo, establecía Javier Muguerza entre la idea de *naturaleza humana* y la, antes referida, de *condición humana,* la cual, en palabras del pensador malagueño, «lejos de reducirse a una categoría biológica, constituye un concepto sociohistórico, es decir, sociohistóricamente construido a la manera de una categoría moral e incluso normativa más bien que puramente fáctica».

Así las cosas, para abordar determinadas preguntas, puede resultar apropiado —e incluso más útil— tanto acudir a las *enseñanzas*, o al menos, al punto de vista, que proporciona el arte (la literatura, la música, la pintura, el cine, etc.), como poner en cuarentena y cuestionarse las aparentemente inapelables *verdades objetivas científicas*. En resumen, la escritura *literaria* —más aún que la científica, la jurídica o la filosófica— puede ser muy provechosa o adecuada para tratar de comprender(nos), junto con nuestras constantes contradicciones y preguntas que se hacen y rehacen a cada tanto.

1.2. En el cuento breve *El informe de la minoría* Philip K. Dick esboza una sociedad futurista en la que existe un departamento de policía denominado «Precrimen» que, a través de la actividad de tres mutantes —los *precogs* o precognitivos—, ha conseguido *adelantarse* a la comisión de cualquier delito *potencial*, logrando detener a los *precriminales* —o delincuentes *potenciales*— que no han cometido ningún ilícito aún pero que, a buen seguro, *lo iban a cometer* (aunque finalmente no lo cometieron), invirtiendo así la lógica penal habitual de castigar a quien, efectivamente, *ha cometido* un delito. En la obra de Dick, la trama se articula en torno al dilema que asalta al protagonista —Anderton, responsable de Precrimen— cuando, de acuerdo con los vaticinios de los *precogs*, él mismo se convierte en el próximo predelincuente.

Es obvia la riqueza de temáticas que sugiere el *distópico* texto, luego llevado a la gran pantalla por Steven Spielberg en 2002 bajo el título *Minority Report*: el dilema moral de castigar a quien, metafísicamente (como se dice en el texto), no es culpable; la pregunta sobre el libre albedrío (¿es posible evitar el futuro predicho?); la incidencia en el mañana de lo que hoy ya se conoce sobre lo que *va a ocurrir*, dando lugar a múltiples futuros posibles alternativos y *modificables* a través del poder que otorga el conocimiento; o, la sempiterna cuestión, ya planteada hace casi dos mil años por el poeta Juvenal, de quién vigila al vigilante.

Hoy le confiamos a algoritmos —de los que lo desconocemos todo: su código fuente; los sesgos de sus programadores, que contamina los resultados; la titularidad, a veces privada, de sus dueños— decisiones que afectan a nuestros futuros posibles y que condicionan nuestra vida. Así, una aplicación informática —*incuestionable* por ser fruto de la tecnología *objetiva*— resuelve si otorgar o no un préstamo bancario; si hay que contratar o no a una candidata a un puesto de trabajo; o, incluso, juzga la supuesta *peligrosidad* de un individuo o el *riesgo* —objetivo, nos dicen— de que se perpetre un futuro delito —ahí está el sistema norteamericano COMPAS, que ha *justificado* ya la condena judicial, con elevadas penas, a ciudadanos negros de ese país.

No obstante lo dicho, el texto de Dick —en el que el protagonista no desoye las objeciones *legalistas* de un sistema en el que se encarcela a personas que, como reconoce el policía, «siempre alegan que son inocentes. Y en cierto sentido lo son»— nos sitúa sobre la pista de qué podría ocurrir cuando se tratara de *adelantar* la barrera de punibilidad hasta el punto en el que se castigara un mero futurible, por muy *probable —estadísticamente hablando*, podríamos añadir— que éste nos parezca. Y es que, *a posteriori*, cualquier predicción puede defenderse con fiereza, ya que, incluso un vaticinio de un exiguo 1% implica *lo improbable* mas no *lo imposible*, de tal suerte que, ocurriendo ese remoto hecho (como la lotería, cuando alguien resulta agraciado), también se cumpliría la predicción, validándose la misma y legitimándose el algoritmo que la previó y —nos maliciamos— que acaso también la *precondicionó*.

En este punto, Anderton admite que ha podido modificar su aparentemente implacable destino —cometer un asesinato— *justamente* porque había conocido esa predicción, dándose la oportunidad de modificar lo que, en definitiva, era tan sólo uno de *sus futuros posibles*.

Precisamente es esta una de las fallas más evidentes del sistema «Precrimen», la de su draconiana y descarnada impersonalidad —la misma que Romeo Casabona critica de los algoritmos actuales que pretenden determinar el riesgo y la peligrosidad media de un determinado grupo humano, manejando millones de datos— y ello frente a la tradicional *oportunidad* o «puente de plata» que, como señala Von Schirach, la ley penal suele otorgar al delincuente que, libremente, interrumpe su acción criminal y toma «la decisión adecuada» de desistir o arrepentirse a tiempo.

La puesta en común de las respuestas —o mejor aún, de los interrogantes— que ofrece la literatura —a la que suele acudir, cuando no es ella misma una variante, la filosofía— con los problemas de legitimidad que plantean situaciones jurídicas de actualidad, nos obliga a replantearnos las *verdades* científicas en el ámbito de los saberes humanísticos —o, por qué no, en todos los saberes—, pues las mismas responden a parámetros, presupuestos, instrumentos y demás decisiones previas elegidas o *construidas* precisamente para arrojar esas supuestas verdades: el resultado de un algoritmo es siempre previsible con unos determinados datos antecedentes; sin embargo, prever una conducta o el resultado de una conducta humana resultaría en la mayoría de los supuestos una tarea imposible y ello toda vez que, junto a aquellos elementos propiamente imponderables —¿desconocidos o fruto del mero azar?—, concurre el material que, tal y como recordara Bogart citando a Shakespeare, es el mismo con el que se construyen los sueños: la libertad —y la responsabilidad correlativa— humana.

Sostiene el filósofo Joan-Carles Mèlich que «para poder entender en qué consiste la ética es conveniente acudir a la literatura o a lo literario». Pues bien, en este caso se ha tratado de abordar una cuestión de alcance jurídico —y, por tanto, de origen político y alcance ético— como es la utilización de métodos de IA para el análisis de situaciones de posible riesgo de comisión de futuribles delitos, desde la óptica de un distópico cuento de ciencia ficción, un relato que pone en entredicho la supuesta objetividad, entendida de manera acrítica, de los avances científicos; que huye de la cuantificación y el dataísmo en la esfera de lo humano; que enfatiza que no puede existir un conocimiento fiable del futuro; o que no puede haber culpa por adelantado.

Es decir, la metáfora, el hallazgo literario, que supone el departamento de Precrimen imaginado en la obra de Dick —la perspectiva literaria, que diría Mèlich—, nos puede resultar útil para interrogarnos sobre las diversas paradojas e incertidumbres propias del sujeto «hipermoderno», tan expuesto, con tan débiles defensas y, en definitiva, tan *incompleto,* como ha venido en señalar el filósofo cordobés José Carlos Ruiz.

Por todo, se ha tratado de constatar la *utilidad* o la oportunidad de, ante situaciones de hecho que no podemos eludir —en este caso el constante avance y colonización de la IA en toda suerte de actividades—, poder aprender a convivir, a *educar la mirada* de manera crítica, utilizando, para ello, la razón, pero no una razón sin apellidos, sino una razón *poética*.

Nada nuevo bajo el sol, pues como bien supo ver María Zambrano «filosófico es el preguntar y poético el hallazgo». Justamente ese método es el que aquí se ha seguido: tras un hallazgo meramente poético —léase, literario— como es el caso del cuento de Dick, surge el interrogatorio filosófico con sus continuas e inconclusas conclusiones.

En resumen, la poesía como arma. Un arma cargada de futuro. Un futuro que deseamos más utópico que distópico.

1.3. En el preámbulo de su obra *Filosofía y ficción* el profesor Ignacio Gómez de Liaño se pregunta si es la *República* de Platón una obra de ficción o de filosofía y ello en tanto en cuanto que, si bien se abordan cuestiones y reflexiones que podríamos calificar como *netamente filosóficas* —*v.g.* qué sea la justicia—, las mismas se arropan bajo una vestimenta con aspiraciones literarias. Así las cosas, las diferencias o los límites que pudieran existir entre ficción y filosofía se antojan «borrosos, y sus fronteras permeables», y, como subraya Gómez de Liaño, más que una distinción neta y sin ambigüedades, ante un texto podemos atender a determinado *predominio,* bien del análisis filosófico, bien de la ficción narrativa.

Resulta curioso, por lo demás, que Gómez de Liaño aluda como ejemplo de su argumentación a la *República* de Platón, cuando fue precisamente el filósofo ateniense quien, como señaló María Zambrano —creadora precisamente del término *razón poética*—, condenó a la poesía en nombre de la moral. Se trata de lo que la filósofa de Vélez Málaga denominó la *condenación platónica a la poesía:*

Es en *La República,* donde Platón formula su condenación explícita y ásperamente, con esa aspereza que nos solemos desprender de lo que más queremos. Es en *La República,* al establecer las bases de la sociedad perfecta. Y estas bases no sino una: Justicia. La poesía pues, va contra la Justicia. Y va contra la justicia, la poesía, porque va contra la verdad. (Zambrano, 1996: 28).

Y es que, de acuerdo con la lectura de Zambrano —con reminiscencias nietzscheanas— de la obra platónica, la poesía sería representación y, por tanto, mentira. Lo que no es razón resultaría ser mitología, esto es, «engaño adormecedor, falacia: sombra de la sombra de la pétrea pared de la caverna». La poesía, por el contrario, sería *la mentira.* La poesía albergaría entonces un enorme poder: «escapar a la fuerza del ser».

Profundiza en esta división la filósofa mejicana Mª Antonia González-Valerio, para quien la racionalidad y la lógica platónica supondría un giro respecto de la tradición de la poesía y lo trágico (Apolo *vs.* Dionisios), y ello porque «frente a la desesperanzadora tragedia, la razón griega ofrecería esperanza, alejándose del delirio, de la embriaguez y del infierno en que se sumerge la poesía». No obstante, recuerda González-Valerio, para María

Zambrano habría de llegar el momento en el que los papeles se invertirían: «la filosofía como el reino de la desolación, la poesía como el del consuelo».

Así, el filósofo «quiere su ser a través de la búsqueda, el poeta, por donación». Esta afirmación —acaso un verso libre— nos recuerda a la diferencia entre *hallar* la verdad o *construirla* — en definitiva, *crearla* para ofrecerla, como hace la poesía, cuyo origen se sitúa en la *poiesis*, o producción—, una dicotomía en la que ahondará la obra de Richard Rorty cuando afirme que la ciencia es una «actividad humana más» sin que la misma monopolice un saber más riguroso u objetivo que otras actividades —u otros lenguajes—, de tal modo que «los grandes científicos inventan descripciones del mundo» y por tanto no *descubren* ninguna verdad objetiva, la cual, contrariamente a lo que se decía en aquella famosa serie de televisión de los años noventa, no estaría «ahí fuera».

Inventan los científicos, decíamos, descripciones del mundo que nos resultan «útiles para predecir y controlar los acontecimientos», pero eso pueden hacerlo los poetas también —y *tan bien*—, pues igualmente tienen la capacidad de inventar otras descripciones del mundo igualmente válidas.

No ha desaprovechado el recientemente desaparecido pensador posmoderno Gianni Vattimo su oportunidad de ocuparse de pensar acerca de la relación entre filosofía, ciencia y literatura, hasta terminar convencido de que la verdad no sería una «cuestión de demostración científica», sino de *persuasión*.

De retórica.

De poesía.

En parecida sintonía a cuanto se viene tratando, para el pensador italiano la filosofía sería más «un discurso edificante que un discurso demostrativo» de tal modo que:

> se orienta más a la edificación de la humanidad que al desarrollo del saber y al progreso de los conocimientos. Edificante no significa antiteorética, esto es, no significa que no se produzca un progreso

de conocimientos en la edificación (de sí mismo y de la humanidad), significa más bien que no es este el único o el principal objetivo. Lo edificante es, según Kierkegaard, lo terrible, lo inquietante y en determinadas condiciones lo sublime (esto es, lo negativo, que para él es la percepción de la propia finitud), y es al mismo tiempo lo que mejora y construye; no carece, por tanto, de un aspecto teorético y cognoscitivo, pero es algo más y algo distinto (Vattimo, 2012:69).

Por otro lado, no se puede olvidar que, para Vattimo sería precisamente esta permanente *re-construcción* de la verdad, mutable, la que constituye la base de la democracia y sus bondades, esto es y, en definitiva, del ejercicio del poder. Así las cosas, si existiera una única e incuestionable *verdad objetiva* —ya científica, ya económica, ya jurídica— resultaría insensato o irracional vivir en democracia, así como debatir y opinar sobre cualquier cosa, pues nos deberíamos limitar a *seguir* ciegamente a los que atesoran el saber, «a los expertos, a los reyes-filósofos de Platón o a los premios Nobel de todas disciplinas».

Retomando el hilo que va desenredando Richard Rorty, todos resultaríamos seres contingentes —ni siquiera, a lo *Amanece que no es poco* (José Luis Cuerda, 1989), podríamos calificar de *necesario* al alcalde de nuestro pueblo—, conformando algo así como un recopilatorio de historias y narraciones que podría haber sido de otra manera pero que se agrupan —y aquí radica su unidad— en el mismo volumen *antológico* que constituye la conciencia, entendida ahora como memoria y como imaginación.

Pasado y futuro.

Perdón y promesa[2].

Esta asunción del yo —un yo, por otro lado, *desvalido, débil, perplejo*— desemboca, siguiendo a Rorty, en la comunidad —contingente e ironista— liberal, que ya no *busca* esencias trascendentes o universales, sino que se configura políticamente como

---

2   Tal y como recoge y desarrolla Hannah Arendt en *La condición humana*.

una comunidad democrática que distingue lo público —lo liberal— de lo privado —al ámbito del ironista.[3]

Se trata de comunidades conscientes de no seguir ningún plan —ni oculto ni divino— encaminado al progreso y que han perdido el sentido de la obligación moral que Kant proponía como condición para cualquier ser racional, y lo han sustituido por la benevolencia, en el repudio de la crueldad y por la solidaridad.

Partiendo de esta premisa —que, también, deberíamos *poner en cuarentena*, como buenos ironistas—, podemos considerar que la dedicación a la literatura resultaría, en no pocos aspectos, más adecuada que la dedicación a la filosofía cuando de cuestiones morales se trata.

Así las cosas, acudir a la literatura nos permite, y contribuye a, ensanchar la capacidad de «imaginación moral», «porque nos hace más sensibles en la medida en que profundiza nuestra comprensión de las diferencias entre las personas y de la diversidad de sus necesidades».

En parecido sentido, Lynn Hunt ha situado el origen de los derechos humanos en la comunión que se produce entre público y obra literaria. Una conexión en virtud de la cual se genera una suerte de *empatía imaginaria,* o lo que es lo mismo, la capacidad, soñada, de vivir la vida de los demás.

Para la historiadora de la Universidad de California, el punto de partida de la *invención de los derechos humanos* se podría situar en la novela romántica del siglo XVIII y en la capacidad, racional y emocional, de la persona que la lee de *sufrir* lo que sufren sus personajes —*los demás.* Esto es, nuestra humana, *demasiado humana,* capacidad para comprender la subjetividad de

---

3   Rorty llama *ironista* a la persona que reúne tres condiciones: albergue dudas acerca de su *léxico último* —esto es, las palabras que nos acompañan y que nos ayudan a justificar nuestras acciones, nuestras creencias y nuestra *peripecia vital*—; asuma que sus dudas no pueden eliminarse con el léxico actual; en tanto que persona que reflexiona, no otorga primacía a su léxico (en tanto que teórico mejor instrumento para conocer *la verdad*) que los demás léxicos de los otros (Rorty, 1991: 91).

otras personas e imaginar sus experiencias internas como si se tratara de vivencias propias[4].

Volviendo a Rorty, para el norteamericano, como se decía, es la literatura y no la filosofía la que puede contribuir, como se ha visto, a promover un sentido genuino de la *solidaridad humana* y es que es en la lectura de novelistas como Orwell y Nabokov —señala Rorty— donde el lector o lectora encuentra, más allá de teóricas definiciones filosóficas, *genuinas* experiencias humanas concretas tales como el dolor, y que «al ser compartidas, generen la necesaria empatía desde la cual se geste la solidaridad y la compasión».

Como se encarga de señalar Vásquez Rocca en la obra señalada al tratar de desbrozar el pensamiento de Rorty, «sólo la literatura es capaz de narrar, en ocasiones dramáticamente, el flujo de la vida, su ambigüedad. El poeta, el novelista —el narrador— renuncian al intento de reunir todos los aspectos de nuestra vida en una visión única, de redescribirlos mediante un único léxico».

En parecido sentido, podemos situar la propuesta de David Sánchez Usanos, quien en *A tres versos del final. Filosofía y literatura* afirma que «(A) ratos pienso que no son Kafka ni su literatura los que son extraños, sino que lo extraño es el mundo, el momento que vivimos, o sea: nosotros mismos».

El mundo como algo extraño. Como algo misterioso. Y la literatura como una suerte de hilo de Ariadna que nos puede ayudar a movernos por ese sinuoso laberinto.

Como resume la propia Hannah Arendt: «Ninguna filosofía, análisis o aforismo, por profundo que sea, puede compararse con la intensidad y riqueza de significado con una historia bien narrada».

Volveremos a ello algo más adelante.

---

4   Ni más ni menos que, como trataría de hacer ver a su pequeña *Scout* el célebre abogado Atticus Finch de *Matar a un ruiseñor* (Harper Lee), *calzarse los zapatos de los demás y caminar con ellos.*

[La frase a veces aparece traducida como «Nunca conoces realmente a una persona hasta que no has llevado sus zapatos y has caminado con ellos».]

1.4. No menos interesante resulta el punto de vista del profesor Sánchez Meca quien recuerda que, si, de un lado, la filosofía *tradicional* —o con veleidades metafísicas— se pensó inicialmente a sí misma como «una investigación estrictamente racional y científica» alejada de las «puras ficciones, las invenciones y el subjetivismo propios de la creación literaria», y, de otro lado, la literatura, de tanto en tanto, echó mano de la filosofía como «proveedora de conceptos», actualmente la filosofía se habría tornado en algo así como *mera literatura*, lo cual, por lo demás, no quiere decir que *la filosofía haya muerto*.

Así, para Sánchez Meca, el dualismo realidad /ficción se relaciona de forma «enigmática», si bien, podríamos asumir de su mano, que ambos lenguajes —el poético y el filosófico— poseen «el poder de redimir el lenguaje prosaico y vulgar, salvar al hombre de la banalidad y de la estupidez, e introducirle en la dimensión del pensamiento».

Anotemos para retomarlo más adelante, esta interesante oposición entre banalidad y pensamiento, entre comportamiento prosaico y vida poética.

1.5. Un autor reciente y de precisa —y a veces polémica— mirada, Sergio del Molino, ha vuelto a posar su atención en estas cuestiones, afirmado que «las causas y las consecuencias, y los planteamientos, nudos y desenlaces, son construcciones literarias», de tal suerte que nuestras vidas, «compuestas por un montón de sucesos, sólo se explican mediante el azar», aunque somos nosotros, «animales narrativos, quienes le damos forma y significado», concluyendo que «la vida se vuelve insoportable si no se pone en forma de novela». El arte de la vida como *el arte de la novela*.

Seríamos pues animales narrativos. Y es en el discurrir del discurso donde nos hemos habituado a *construir* a *edificar la verdad*.

Puestos a tener que elegir entre verdad e imaginación, la escritora franco-marroquí Leila Slimani —autora de la perturbadora *Canción dulce,* novela en la que se indagan las circunstancias de una cuidadora que asesina a los dos niños que tiene a su cargo para tratar de *comprender* sus actos— opta por *asimilar* ambos conceptos argumentando que es mediante la imaginación como llegamos y *descubrimos* la verdad, al menos aquella que abrazamos de acuerdo a un determinado *punto de vista.* La verdad, siempre precaria, inestable y circunstancial con la que nos vamos manejando.

Raffaele Simone abunda también en el asunto al afirmar que «buscar a un líder es una necesidad natural de las masas». Para el pensador italiano se trata de una «urgencia narrativa» que tiene su explicación en «el mismo instinto que nos empuja a buscar al protagonista en un libro o en una película». *Precisamos de alguien que «pone su cara».*

Del mismo modo, la literatura *se hace carne* cuando Paul Ricoeur habla de *identidad narrativa.* Para este filósofo francés, seríamos algo así como el relato de nuestra propia peripecia vital. Un relato autoconstruido —si bien los demás tienen mucho también que decir— en el que juega un papel imprescindible no sólo la memoria, obviamente, sino también, como ya se ha dicho, la imaginación que se anuda a todo actor de contar.

Precisamente, partiendo del título de una de las obras más célebres de Ricoeur, *Sí mismo como otro,* podemos deducir que la identidad —aquello que nos hace distintos a cualquier otro u otra— no es sólo algo que construye cada cual (*sí mismo*), sino también y al mismo tiempo algo que se proyecta en los demás y algo que también proviene de lo que de ellos tomamos para narrar nuestro relato (*como otro*). Un juego cruzado de léxicos últimos.

Un juego de espejos que se retroalimenta.

En todo caso, se trata de una identidad variable, mudable, de tal modo que, si hay algo que permanece a pesar del transcurso histórico del tiempo y de que *evidentemente* no somos los mismos de niños que de adultos, es, justamente, que seguimos siendo los protagonistas de nuestro propio relato vital.

En resumen, como lúcidamente nos hace ver Marina Garcés:

> En medio de la nada, somos las historias que nos contamos. Pero precisamente por eso, las narraciones no son inocentes. ¿Quién toma la palabra? ¿En nombre de quién? ¿Para explicar qué? Este mundo que nos construimos sobre la arena que se deshace toma forma y se sostiene en el tejido de las historias que nos contamos. Por eso son muchas, se solapan y se interrumpen. Tienen contradicciones, contraargumentos y despiertan sospechas (Garcés, 2022: 25).

1.6. Una última consideración acerca de la relación entre filosofía —o pensamiento crítico, si se quiere— y literatura nos conduce por otros senderos —diversos, pero no menos interesantes—, que, como en el cuento de Borges *se bifurcan,* pero que aquí sólo podemos dejar mínimamente apuntados para quien quiera seguirlos y perderse, gustosamente, por ellos. Nos referimos a lo que Joan-Carles Mèlich denomina *una filosofía literaria.* Para este profesor de la Universidad Autónoma de Barcelona, una vez abandonada la visión metafísica del mundo —entendida como «un discurso que tiene la pretensión, entre otras cosas, de dar una respuesta definitiva (y, por tanto, ahistórica) a la pregunta *por qué»*—, abogaríamos por una «visión literaria de la vida».

Así las cosas, frente al lenguaje conceptual y sistemático propio de la visión metafísica del mundo y de la vida —que funcionaría como una suerte de *fuerza centrípeta* que atraería todo hacia el centro, inamovible e inmutable, de las esencias, que ofrecerían cierto *Sentido* (así, con mayúscula)— Mèlich alude a las características propias del lenguaje de la filosofía literaria recogiendo su carácter *inconceptual*, metafórico, gestual o narrativo. Su carácter de *ensayo.* Su, humilde, reconocimiento inicial de que, frente a las propuestas de un *Absoluto,* habitaríamos «un universo de indeterminación y contingencia», sin que sea ya posible volver la vista atrás en busca de *otros absolutos* que puedan servirnos de asideros o fundamentos seguros o ciertos.

Partiendo de este reconocimiento, que Mèlich anuda a la finitud de la vida, nos emplaza a «mirar la vida desde la literatura», asumiendo la ausencia de principios absolutos o trascendentes y navegando entre referentes gramaticales que son *situacionales* e *históricos*. Y es que, como también ha tenido ocasión de desarrollar el filósofo catalán «el mundo no es el espacio. Tampoco es el universo, ni la naturaleza. Es una gramática».

Concluimos con un apunte que pretende ayudar a no caer en el pesimismo que, como las sirenas de la *Odisea*, entona su canto desde el agitado mar de la contingencia humana —y la, en principio, irremediable, carencia de sentido a una vida finita e intrascendente. Así, podemos tratar de buscar refugio entre las palabras de Josep Maria Esquirol. Palabras que *cantan una nana* y que nos acunan, de tal modo que, frente a las invocaciones existencialistas —con Sartre a la cabeza y con ocasión de su obra *La náusea,* una vez más la literatura como lenguaje que nos ayuda a explicarnos a nosotros mismos— que concluyen que nuestra contingencia nos convierte en innecesarios, de más, o absurdos, afloraría una interpretación de lo contingente como *lo increíble,* la vida, otra vez, como misterio.

Como una novela recién comenzada.

Como un telón que se acaba de levantar.

Concluimos. Es conocida la pregunta que se hizo Adorno acerca de si era posible la poesía después de Auschwitz. Posible o no, parecería que la *poesía*[5] resultaría ahora tanto o más necesaria —al menos, deseable y conveniente— para ayudarnos a *comprender.*

---

5   Poesía entendida aquí, en sentido amplio, como *literatura*, como *arte.*

CAPÍTULO II

SE ABRE LA SESIÓN: EL JUICIO COMO METÁFORA

> Una vez empezada esta marcha cuesta abajo, no se sabe nunca dónde hay que pararse.
>
> (T. DE QUINCEY)

2.1. Si, como es sabido, el asesinato puede ser considerado *como una de las bellas artes*[6], ¿qué nos impediría considerar que el juicio, el mecanismo más aparentemente garantista o democrático que se nos ha ocurrido para reparar los efectos de cualquier crimen, también sea considerado como una suerte de *expresión artística*? Esto es, un lenguaje propio, con su gramática particular, que nos permita comprender (parte de) el mundo.

¿Quién no ha deslizado en alguna reunión la cita del *Macbeth* de Shakespeare que dice aquello de «la vida es una sombra... Una historia contada por un necio, llena de ruido y furia, que nada significa»?

La literatura —el arte— tratando de *comprender* la vida.

Así las cosas, si bien casi nadie puede poner en duda que el teatro del *Bardo de Avon*, las novelas de Cervantes, las *Varia-*

---

6   Es obvia la referencia a *Del asesinato considerado como una de las bellas artes*, del periodista y escritor británico Thomas de Quincey.

ciones Goldberg de Bach o *el David* de Miguel Ángel sean arte, —sea esto lo que sea—, partiendo de tal consideración, ¿acaso sería descabellado afirmar que un proceso judicial, es decir, un sistema *auto-organizado,* un mecanismo para el ejercicio de un determinado poder del estado, con implicaciones para la vida de la gente, puede ser también una variante del arte?

¿Acaso el artefacto que conocemos como *sentencia* —la misma que tanto Arendt como Carrère esperaron para tratar de *comprender*— no recoge una historia (a veces sombría o trágica, siempre problemática) contada por alguien que apenas conoce la realidad última de los justiciables y que, por tanto, actúa como un *necio*[7] y que, en definitiva, en no pocas ocasiones *lo cambia todo para que todo siga igual* y, por ende, no soluciona nada?

2.2. En la antes mencionada *Contingencia, ironía y solidaridad,* Rorty recuerda ese conocido pasaje de *Sobre verdad y mentira en sentido extramoral* de Nietzsche que define la verdad como «una hueste en movimiento de metáforas, metonimias, antropomorfismos, en resumidas cuentas, una suma de relaciones humanas que han sido realzadas, extrapoladas y adornadas poética y retóricamente y que, después de un prolongado uso, un pueblo considera firmes, canónicas y vinculantes». Para el pensador alemán las certezas que atesoramos como supuestas verdades no dejarían de ser «ilusiones de las que se ha olvidado que lo son; metáforas que se han vuelto gastadas y sin fuerza sensible, monedas que han perdido su troquelado y no son ahora ya consideradas como monedas sino como metal».

La verdad como metáfora. La verdad como un término —caprichoso— que conforma nuestro léxico último. Una gramática contingente.

No muy alejados de este planteamiento se encuentran los argumentos de George Lakoff y Mark Johnson, para quienes la

---

7   Justamente «ignorante y que no sabe lo que podía o debía saber», de acuerdo con el D.R.A.E.

metáfora impregna nuestra vida cotidiana, no sólo el lenguaje, también el pensamiento y la acción. Esto es, tenemos un sistema conceptual de naturaleza metafórico en virtud del cual pensamos y actuamos.

De ahí la importancia de la literatura, de la poesía —el reino de la metáfora—, del arte en definitiva, para tratar de explicar y explicar-nos a nosotros mismos.

Una de las estructuras conceptuales metafóricas, según Lakoff y Johnson, es la llamada «metáfora estructural», por la que una actividad o experiencia se dispone u organiza en términos de otra. El ejemplo que proponen los autores es la conocida afirmación «una discusión es una guerra». De manera que un proceso judicial alberga un debate por el que (al menos) dos relatos se enfrascan *en una batalla* por la victoria final, sancionada además en una sentencia. Por tanto, podría perfectamente entenderse que un juicio, además de otras tantas cosas, es también la metáfora de una guerra[8]. Pues bien, a partir de esta consideración un proceso judicial se asemeja a una batalla —presumimos que legal y legítima— entre sólidos y fundados argumentos, y en donde aquel que *arma* —que *construye una*— verdad o articular una más sólida teoría es quien, finalmente, *derrota* al adversario.

2.3. *In god we trust* se puede leer en las salas de los tribunales de justicia norteamericanos. Sin embargo, más allá de la cuestionable y trascendental *apelación religiosa* —una, por otro lado, contaminación entre lo terrenal y lo celestial, entre la responsabilidad y la culpa, que resulta difícilmente sostenible— lo cierto es que, como regla general, sí es cierto que, al menos, *confiamos* o creemos —o *queremos creer*— en los tribunales o en el proceso judicial como expresión democrática de un poder que imparte castigos y absoluciones. Un método que, de manera más o menos aséptica y por medio de terceros, soluciona nuestros problemas,

---

8   No es este el escenario adecuado, pero no carece de interés —menos aún en los tiempos que corren— investigar la relación entre guerra/juicio que se da en el llamado *lawfare* o guerra jurídica o judicial.

si bien situándose *más acá*, del problema de la búsqueda de la verdad o de la conquista de la justicia, problemas que, sinceramente, debemos dejar a la entrada de la sala del tribunal, pues resultan *ajenos a su jurisdicción*.

El proceso *como mero instrumento* de paz social, de seguridad jurídica.

No obstante, también encontramos situaciones —y *El proceso* de Kafka es, quizás, uno de los más representativos, como veremos un poco más adelante— en las que, aparentemente, el juicio dejaría de tener un fin —por pragmático y no epistemológico que este pudiera ser— para tornarse él mismo en mero fin. Un proceso que tiene como finalidad el propio proceso. Un cauce que, por tanto, no lleva a ningún lugar salvo al mismo cauce, el cual discurre, como en esas baratas y algo *kitsch* fuentes ornamentales, dentro de un circuito cerrado con el peligro, evidente, de que el agua termine por pudrirse[9].

En parecido sentido se expresa Giorgio Agamben:

> El fin último de la norma es la producción del juicio; pero éste no se propone ni castigar ni premiar, ni hacer justicia ni descubrir la verdad. El juicio es en sí mismo el fin y esto -como se ha dicho- constituye su misterio, el misterio del proceso.

Así las cosas, para el filósofo italiano, el juicio tendría una naturaleza *autorreferencial*, de tal modo que el resultado del juicio sólo resultaría interesante en tanto en cuanto es una mera prolongación de aquel.

La referencia a Agamben[10] también nos sirve por la relación —*confusión* la llama el pensador romano— que pudiera existir entre determinados conceptos morales (tales como culpa o

---

9   Es habitual asimilar el proceso con el conjunto de actos que discurren por el *cauce* legalmente previsto.

10   Sin duda, otro aspecto relevante de la obra citada pasaría por la *función* del testigo y ello no tanto en su teórica calidad de mero *tercero imparcial* —¿acaso alguien puede serlo, a estar siempre *situado*?— sino en su condición de *superviviente,* de quien «ha vivido una determinada realidad, ha pasado hasta el final por un acontecimiento y está pues, en condiciones de ofrecer un testimonio

responsabilidad) y sus homónimos jurídicos. Se trataría, en definitiva, de la inacabada discusión habida respecto de la relación moral/derecho que, por lo demás, y fruto de su, en ocasiones, espuria unión, ha fecundado *criaturas híbridas* susceptibles de valerse de la terminología legal, al igual que el propio juicio, como metáfora de discusiones o situaciones propiamente morales.

2.4. Pero volvamos al juicio entendido como algo parecido a una simple *expresión artística*.

Un juicio puede ser un espectáculo hermoso. Dramático en ocasiones. Trágico la mayoría de las veces. Incluso excepcionalmente cómico —¿Acaso la comedia no es *tragedia más tiempo*? Sin embargo, no puede negarse que, como *reflejo* de (una parcela de) la vida, resulta igualmente fascinante y, por qué no, hermoso.

Como el arte.

Como el teatro.

La palabra *teatro* tendría su origen en el término griego *zeatron*, que podría traducirse como un lugar para ver, sirviendo en sus orígenes —y merced a las tragedias de Eurípides, Sófocles y Esquilo o las comedias de Aristófanes— como una suerte de *escuela de civilización o de ciudadanía*.

El teatro, como los procesos judiciales que aparentemente tanto se le parecen (sucesión pautada de actos y actuaciones; diálogos entrelazados, la verosimilitud como *arma de combate*, el fresco de la sociedad en la que se ve representada), encierra, desde esas primeras obras griegas, una característica distintiva: el aprendizaje de la experiencia que resulta de ver a otros enfrentarse a dilemas vitales, políticos o éticos. Y es que tanto el teatro como los juicios sólo adquieren el sentido que les es propio cuan-

---

sobre él». En resumen, quien se convierte en guardián, receptor o transmisor de *lo ocurrido* (Agamben, 2014: 14).

En parecido sentido, Milan Kundera (2000: 40) entendió que el que regresa lo que necesita es que alguien le espete *:'Cuenta:'*, para así, como le ocurrió a Ulises, reconstruir su propia peripecia vital y, acaso, *reconocerse*.

do se representan con público. Sin él, estamos, en el mejor de los casos, ante un ensayo, ante una farsa.

Como señala el profesor Claramonte, fue el húngaro Giorgy Lukács quien reflexionó acerca de aquello que resulta específico de lo estético, esto es:

> aquello que lo diferencia de otros modos de hacer, como los que desplegamos en nuestra vida cotidiana o los que organizan el conocimiento científico o la acción política. Y de nuevo hay que insistir: por mucho que en todo lo que hagamos contenga y despliegue una dimensión política, esto no significa que todo quehacer sea —en absoluto— *reducible* a ella, del mismo modo que por mucho que una experiencia dada nos aporte conocimiento no es tampoco reducible a una dimensión epistemológica. Es lo que tiene la complejidad de lo efectivo, de la que Lukács es un temprano y aventajado pensador.

Así las cosas, continúa:

> lo que intentamos desde lo estético es un amago de construcción de la realidad, un peculiar tipo de *reflejo* de la misma. Pero no se trata de cualquier reflejo. Se trata, para empezar, de un *reflejo antropomorfizador,* es decir, un reflejo que da forma humana al mundo, que nos lo acerca y nos lo hace más habitable. Y se trata además de un reflejo antropomorfizador que toma como campo la *totalidad intensiva*, esto es, que no pretende necesariamente abarcar de modo coherente todo el mundo en su conjunto sino una parte determinada del mismo, una experiencia limitada del mismo que hemos vivido, eso sí, con especial intensidad y al que le tenemos una alta querencia. Es esa querencia, esa atención cuidadosa la que confiere a la experiencia estética un cierto carácter de totalidad, puesto que aun siendo limitada la convertimos en patrón de un modo de relación posible y necesario.

Además, desde sus orígenes griegos, el teatro —como la sala de un tribunal de justicia— sitúa al espectador frente a la mirada del *otro*, legitimándolo como ser humano y, por tanto, compeliéndonos a que hagamos el esfuerzo de entenderlo, ya que nos refleja nuestra propia condición y nos advierte de que nadie está exento de ocupar, algún día, su sitio en el banquillo. En este sentido, el hermoso texto de Irene Vallejo *El infinito en un junco,* nos recuerda que la obra de Esquilo *Los persas* —primera pieza teatral que se conserva— está escrita desde el punto de vista del enemigo, el cual en ningún caso se representa como la encarnación de la perversidad o el brazo ejecutor de un mal radical, sino que su derrotada mirada, *humana demasiado humana,* nos puede llegar a resultar familiar.

Por tanto, los juicios y los tribunales de justicia nos brindarían una oportunidad similar a cuando asistimos a una función teatral, una singular ocasión para mirar y escuchar relatos que narran tragedias humanas en las que la necesidad, la libertad, la mala suerte o *las pocas ganas de acertar* terminan mostrando muchas de nuestras desgracias y miserias. Un instante detenido en el que los relojes quedan suspendidos y todo se confabula para que podamos dejar a un lado muchos de nuestros apresurados prejuicios, preocupándonos morosamente por intentar mirarnos a los ojos no sólo con curiosidad sino con la esperanzada expectativa de que el espejo del escenario nos devuelva —como recita Irene Vallejo— palabras de "mujeres desesperadas, parricidas, enfermos, locos, esclavos, suicidas y extranjeros". Lo mejor de cada casa. Incluso de la nuestra.

Pareciera que arrastrásemos extrañas pulsiones y peligrosas contradicciones. En la fascinante *Margin Call*[11] —donde asistimos tanto a las horas previas al crac financiero de 2008 como a la constatación del colapso moral que habría ayudado a que aquella crisis rompiera tantos proyectos de vida— un par de brókeres asomados a una azotea filosofan acerca de que nuestro miedo a las alturas podría encerrar, en verdad, un temor a que aflorara un deseo de saltar al vacío. Sin embargo, si hemos de hacer caso al célebre comienzo de la *Metafísica* de Aristóteles, además de esas macabras tentaciones, también albergaríamos una inclinación natural a saber, a conocer, a tratar de comprender este continuo fluir de ruido y furia que apenas tiene sentido y que parece redactado por un guionista de sobremesa vendido o cegado por los caprichos y veleidades del mercado y sus insulsas plataformas.

---

11   J.C. Chandor, 2011.

Más allá del símil con el teatro, ¿sería dable trazar analogías entre un juicio —que no deja de ser el ejercicio de un poder del estado, administrado bajo la garantía que supone el imperio de la ley— y *lo estético*, sabiendo además la relación que existe entre el arte y la *comprensión*?

Aunque la cautela y cierto sentido cívico del pudor nos impedirían calificar un proceso judicial como una mera confrontación de mentiras, sí que, al menos, podemos conceder que un juicio se parece a un *concurso de relatos*, una competición, un *agón narrativo* en el que el objeto es una realidad ya vivida, unos hechos que quedaron atrás en el tiempo y cuya *posible verdad fáctica ha desaparecido*[12].

Sobre el papel, en un juicio se trata de revivir unos hechos —o unas historias divergentes sobre esos u otros hechos— que, como la lluvia del poema de Borges, *al haber sucedido en el pasado,* son ahora *mudos,* y por eso, para *oírlos* en el proceso, necesitan ser nuevamente contados[13].

El conjunto de actos encadenados y formalmente previsibles —como una novela, como una obra teatral— que constituye un proceso judicial culmina con una decisión (pautada igualmente por las reglas procesales y, por tanto, no arbitraria) en la que la persona legitimada e investida de autoridad (dimanante, en los regímenes democráticos, de la ciudadanía, de donde emana todo poder, también el judicial) elige entre los varios relatos planteados por los litigantes basándose en la credibilidad, *verosimilitud*[14] o probabilidad de los mismos, y ello en orden a confeccionar una llamada *verdad procesal* que, diferente de la verdad histórica o

---

12   No sin cierto pudor, nos permitimos sugerir revisar lo que de este particular se recoge en el ensayo *La posverdad a juicio. Un caso sin resolver* (Vilaplana, 2021), una obra de la que parten algunas de las ideas aquí reelaboradas y repensadas.

13   El soneto *La lluvia* de J. L. Borges comienza con el conocido cuarteto: «Bruscamente la tarde se ha aclarado / Porque ya cae la lluvia minuciosa. / Cae o cayó. La lluvia es una cosa / Que sin duda sucede en el pasado».

[Difícil no recordar la maravillosa versión de El Cabrero y su *Soneto por bulerías*].

14   Sobre esta cualidad *aristotélica* de la poética nos ocuparemos más adelante.

de la noticiable, tiene como finalidad aparente la de alcanzar una —precaria— paz social tras un determinado conflicto.

El tribunal, como bien supo ver el profesor malagueño José Calvo, asume, por tanto, un doble papel de *auditor-oyente* de los diversos e irreconciliables relatos de las partes (acusación/defensa) y de *auditor-contable*, en tanto que da cuenta y también a su vez *cuenta* su propia y definitiva versión de *lo ocurrido* mediante el dictado de la sentencia.

Es decir, el tribunal registra las diferentes versiones del caso que le ofrecen cada una de las partes y, finalmente, ofrece —construye— el *relato canónico* de lo *formalmente sucedido*, poniendo así fin al litigio abierto.

Sin embargo, como no se suele dar regla sin excepción, en ocasiones sólo hay una versión —la de la acusación— limitándose la defensa a poner de manifiesto sus carencias, sin proponer un relato alternativo. Y es que, como argumenta el abogado protagonista de la película francesa *Una íntima convicción* (Antoine Raimbault, 2018), la acusación se basa *en una hipótesis* que alberga una posibilidad, y si la defensa ofrece otra, el jurado se ve obligado a elegir *la más convincente*. En cambio, sembrar la incertidumbre es mucho más provechoso, pues la duda no supone una —otra— posibilidad, sino que abre *múltiples posibilidades*.

Eso sí, en todo caso, el relato ganador final que es la sentencia —en ocasiones, un producto hermosamente literario— no debe ser algo *generalizador*. Es una respuesta, concreta, a una singular proyección de un problema humano —un conflicto— determinado. Pero la contradicción anudada a la condición de los hombres (y las mujeres) continúa. No es *justicia divina* pensada por y para los dioses. Tiene escala y condición humana. Ofrece un *reflejo humano*.

Frente a esta *representación* con rostro humano —otra vez siguiendo a Lukács— encontraríamos el reflejo desantropomorfizador, más propio de la ciencia:

En primer lugar, que una captación verdaderamente científica de la realidad objetiva no es posible más que mediante una ruptura radical con el modo de concepción personificador, antropomorfizador. El tipo científico de reflejo de la realidad es una desantropomorfización tanto del objeto cuanto del sujeto del conocimiento: del objeto, al limpiar su en-sí de todos los añadidos del antropomorfismo (en la medida de lo posible); del sujeto, al hacer que el comportamiento de éste respecto de la realidad consista en criticar constantemente sus propias intuiciones, representaciones y formaciones conceptuales para evitar la penetración de actitudes antropomorfizadoras que deformaran la objetividad en la captación de la realidad.

Para Lukács, apunta el profesor Claramonte, la *práctica artística* —y aquí podríamos sustituir ese último término por el de *judicial*— se concibe, ya se ha insinuado, como una suerte de *mímesis* antropomorfizadora de los estadios evolutivos de lo real.

Pues bien, partiendo de esta premisa y para dar cuenta del funcionamiento concreto de ese proceso, Lukács echa mano del concepto de *medio homogéneo,* entendido no tanto como una realidad objetiva independiente de la actividad humana, sino, más bien, como un «particular principio formativo de las objetividades y sus vinculaciones, unas y otras producidas por la práctica humana», de cuyo flujo continuo se mantiene estratégicamente retirado.

Sentado lo anterior, ¿acaso un proceso judicial no podría compartir esta misma definición?

El conocido dramaturgo y académico Juan Mayorga reinterpretó el legendario duelo entre el ajedrecista norteamericano Bobby Fischer y el soviético Boris Spasski, celebrado el verano de 1972 durante el campeonato de un mundo dividido por el telón de acero en su obra *Reikiavik* (2015, La uña rota). En esta pieza el autor madrileño afirmó que el ajedrez era un *arte que, como la vida misma, se basa en la memoria y la imaginación.*

De nuevo, la imaginación.

Aparentemente también el desarrollo de un proceso judicial, como una partida de ajedrez —o la propia vida— se basaría, en una primera instancia, en la memoria y en la imaginación. O lo que es lo mismo, *en la función narrativa* que permite que los hechos no sean tan importantes como el sentido, contado, de los mismos.

De igual modo, en el filme *El hombre que nunca estuvo allí* (Joel Coen, 2001), asistimos a un alegato final en el cual el abogado defensor del protagonista esgrime una paradójica estrategia sofística y le propone al jurado que no atienda a los hechos, *sino al sentido de los hechos*, para luego hacerles concluir *que los hechos no tendrían sentido*.[15] Este peculiar letrado, previamente, habría invocado un remedo cómico de la teoría física del principio de incertidumbre de Heisenberg para justificar no sólo que el pasado es irreproducible, sino que ni siquiera podemos conocerlo con exactitud porque *al mirarlo* lo contaminamos y lo novamos.

En todo caso, más allá de la irónica referencia nietzscheana del abogado de los Coen, tal y como se verá más adelante, el propio Adolf Eichmann comenzó su defensa negando la acusación *en los términos en que esta se planteaba*, es decir, no tanto *los hechos,* como *el sentido* de los mismos (Arendt, 2003: 18).

Esta postura —legítima— de defensa choca con lo que se plantea por el fiscal milanés protagonista de la inquietante novela *Por Ley Superior* (Libros del Asteroide, 2017) del escritor italiano Giorgio Fontana, quien reconoce que «llega un momento en que los hechos vuelven a ser lo que son: hechos. Para sobrevivir, despojas todo acto de un significado: sólo interesan las cosas, sólo la física del mal y no la ética».

Pues bien, dentro de las reglas preestablecidas que tratan de embridar los relatos que concurren dentro del microcosmos —o *microcaos*— que es un juicio, somos seres que, como ha subrayado la profesora Ana Carrasco-Conde, *nacemos comenzados* y, sobre todo, estamos abiertos a diferentes y azarosos finales. Todo puede cambiar rápida, imprevisible y súbitamente. Por ese moti-

---

15   Es obvia la cómica referencia a la muy conocida afirmación del filósofo F. Nietzsche, recogida en *Sobre verdad y mentira en sentido extramoral*, que aseveraba que no existen los hechos, sino sólo las interpretaciones de los mismos.

vo, y aunque resulte difícil sustraerse a la sugerente y socorrida metáfora de la vida (o el arte, o la justicia) como partida de ajedrez —puro intelecto, simple lógica ajena a lo indeterminado[16]—, tal vez resulte más adecuado asimilarla con un combate de boxeo: una pugna dentro de un cuadrilátero en el que impera la célebre máxima con la que nos golpeó el campeón de los pesos pesados, Mike Tyson: «todo el mundo [cuando pelea contra mí] tiene un plan, hasta que le doy la primera hostia[17]». O, acaso, partiendo de la lógica implícita en el ajedrez, debamos admitir que hay que estar abierto siempre a la sorpresa, a la improvisación constante ante lo posible pero no previsto, o, tal y como le atribuyen al Gran Maestro soviético Mijaíl Botvínnik cuando le preguntaron por sus extraordinarios victorias: «excepciones siempre; errores jamás». Y es que, como no deja de repetir Vicente Valero en su delicioso *Duelo de Alfiles,* siempre es un misterio hasta dónde te puede llevar una partida.

Tal vez por eso, la metáfora del juicio, o más concretamente del proceso judicial, nos puede servir para abordar, también, el elemento de la incertidumbre propia de la existencia de quien está *arrojado en el mundo.*

Recuérdense aquellas célebres palabras de Séneca cuando subrayaba que nunca podemos esperar a tener una comprensión absolutamente cierta de toda situación para actuar. Avanzamos —indica el filósofo cordobés— sólo por el camino por el que nos conduce la verosimilitud. Así es «como sembramos, como navega-

---

16   Muy interesante —si bien alejado de cuanto aquí nos ocupa— resulta la, análoga, distinción que, de la mano del gran y desaparecido Ricardo Pigglia, realiza Ramón del Castillo entre novela-policial (basada en el «fetiche de la inteligencia» o la omnipotencia del pensamiento lógico) y novela negra, plagada de «relatos salvajes, primitivos, sin lógica, irracionales» (del Castillo, 2022: 14).

17   El boxeo, sin duda, se presta como metáfora no sólo para el ámbito judicial —un proceso no deja de ser algo parecido a un combate en el que cada parte está sola en su rincón o en el que, como se decía en *Million Dollar Baby* (Clint Eastwood, 2004) en ocasiones nos toca retroceder para tratar de avanzar—, sino también para sentimientos como el amor. Ahí están los conocidos versos de Cristina Peris Rossi: *En el amor y en el boxeo / todo es cuestión de distancia.*

mos, como hacemos la guerra, como nos casamos, como tenemos hijos». No tememos apenas certezas, nos asomamos a abismos en los que el resultado es impredecible, pero, aun así, emprendemos el camino. «Vamos allí donde nos llevan las buenas razones, y no la verdad segura» (Séneca *Sobre los beneficios*, IV, 33, 2).

En este sentido, Jacques Vergès concluyó que un juicio es una liturgia (escritos de demanda y contestación, audiencia previa, acusación, defensa, juicio oral, recursos, etc.) en la que, sin embargo, el resultado siempre estaría teñido por la indeterminación. Esto es, que los procesos judiciales —también cualquier batalla— se asemejarían a los juegos de azar —y el ajedrez, justamente, no cae dentro de esa categoría—, en tanto que unos y otros no dejan de ser una concatenación ceremoniosa de movimientos, jugadas, aperturas o estrategias que, a pesar de su carácter reglado, están preñados de un componente azaroso que no permite conocer, al comienzo, cuál será el desenlace final.

Esta asimilación nos sugiere o nos remite, siquiera en su versión más superficial, a la conocida teoría del caos, de las catástrofes, ya se sabe, aquello del *efecto mariposa:* una mariposa bate las alas en Pekín y en Nueva York llueve en lugar de lucir el sol.

No obstante, el caos se conecta aquí más que con lo ontológico con lo epistemológicamente impredecible, esto es, con lo que no podemos conocer a priori, más allá de la mera probabilidad, pero no se debe identificar con lo puramente azaroso[18].

Cabe pues preguntarse cómo es que, a pesar de discurrir por un cauce ritual invariable y preestablecido (el proceso), un juicio termina con un resultado que, en ocasiones, se antoja misterioso: del mismo modo que cuando un novelista cuenta que al comenzar su obra no sabe hacia donde transitarán sus personajes, cómo discurrirá su peripecia vital, hasta el punto de que algún personaje ha llegado, incluso, a rebelarse contra su creador, como le

---

18   No podemos detenernos aquí, pero resulta muy interesante cómo aborda la poeta y filósofa Chantal Maillard la relación entre caos y epistemología: el caos como *reino de la posibilidad* (Maillard, 2021: 121).

ocurría al Augusto Pérez de *Niebla,* la célebre *nivola* de Miguel de Unamuno.

Una de las posibles respuestas puede situarse en que dentro de un procedimiento se barajan varios elementos complejos, maleables, contradictorios, interpretables o mudables: los hechos (o el relato que de los mismos se puede construir), el derecho (o el poder *revestido de literatura*) y, sobre todo, las personas.

Explica Jordi Claramonte que una de las distinciones fundamentales que plantean las ciencias de la complejidad es la que nos lleva a diferenciar entre los procesos de auto-ensamblaje y los de auto-organización, es decir, aquellos —los primeros— que *si bien son capaces de regularse a sí mismos lo hacen siempre orientándose hacia una posición estable y constante*; frente a aquellos, los procesos de auto-organización —los segundos— nos ayudan a comprender *los procesos de cambio propios de los complejos que Prigogine llamaba sistemas alejados del equilibrio.*

Puestos en relación con el arte —y con el proceso judicial— somos capaces de entender por qué *las obras de arte no pueden remitirse a un estado —un significado— estable y cerrado, esto es, no pueden reducirse a una única interpretación o una única verdad,* sino que, como explica Claramonte:

> abren y exploran, una suerte de valle epigenético: todo un espectro de variaciones posibles dentro del cual la obra en cuestión tiene plena fuerza y sentido. Es más, constatamos que las obras de arte –en tanto sistemas homeorrésicos– pueden mantener un elevado grado de orden interno sólo en la medida en que se hallan continuamente expuestas a las fluctuaciones externas derivadas de la multitud de sentidos e interpretaciones a las que se somete. Quiere esto decir que todas estas fluctuaciones –como las que provocan los diferentes juicios de gusto– no sólo no molestan, sino que son, precisamente, las que mantienen viva a la obra en cuestión.

No resulta difícil llevar estas consideraciones al ámbito del proceso, con su lógica interna, su *repertorio* legalmente preestablecido —más como una respuesta a *determinados intereses* que como verdadera o desinteresada *magia*, como se verá— o su discurrir hacia la apertura a diferentes posibilidades y *verdades*, recogidas finalmente en la sentencia: el relato final. El ajuste de cuentas *que cuenta* lo que considera justo y que *efectivamente* pone fin, al menos formalmente, al conflicto emergido.

La conocida película ***Rashomon*** (Akira Kurosawa, 1950), donde varios testigos —otra vez esta controvertida figura: ¿es imparcial? ¿Se puede ser imparcial al haber *sobrevivido* al crimen?— se acercan a una aparentemente misma realidad, unos mismos acontecimientos, desde ópticas diferentes, sesgadas e interesadas, bien se podría hallar un ejemplo, artístico, de cómo varias *verdades* que se puedan dar cita en un juicio y es que, como continúa Claramonte:

> La cuestión de las múltiples verdades que es capaz de revelar una obra de arte en su valle epigenético nos lleva de cabeza a considerar un segundo rasgo que tienen en común los sistemas auto-organizados y los dispositivos estéticos. A saber, ambos son susceptibles de ser descritos como sistemas multiestables, esto es, sistemas que son capaces de darse en diferentes estados estables. Lo que descubre el paradigma de la complejidad y que resulta desde luego característico de la obra de arte es que esa multiestabilidad es tanto diacrónica como sincrónica. Así la obra es capaz de auspiciar y encajar diferentes experiencias a lo largo del tiempo o en relación a diferentes audiencias, pero también podemos constatar cómo la obra aparece de suyo y sincrónicamente como un complejo estratificado, logrando emocionarnos de modos diferentes, apoyándose acaso más en el estrato de lo espiritual, en el de lo matérico y/o en el de lo político.

El testigo, por lo demás, y como se ha preocupado en subrayar el sobreviviente de la matanza de Atocha Alejandro Ruiz-Huerta Carbonell —recuérdese el trágico atentado perpetrado por pistoleros de ultraderecha el 24 de enero de 1977 contra abogados laboralistas, estudiantes y personal administrativo—, asume el vértigo de narrar *hoy* aquello que percibió *ayer*, teniendo presente que quien hoy cuenta, precisamente como consecuencia de lo que vivió, ya no es el mismo que padeció aquello que ahora narra. Es más, el testigo puede ser también un *espectador* —alguien habituado a esperar— que, además de contemplar lo que alguien hace, se pregunta al mismo tiempo por qué aquél no actúa de otra manera, de una forma que se acomode a su *expectativa,* e imagina cualquier otro comportamiento entre infinitas posibilidades. Es decir, el testigo, en ocasiones, reacciona incrédulo o sorprendido ante una actuación que no es la que él mismo *esperaba.* Y en esa reacción hay un choque de sentidos entre lo imaginado —deseo— y lo ocurrido —*realidad*—, tiñéndose su recuerdo con una, apenas imperceptible, marca valorativa, positiva o negativa.

Si, como argumentaba el célebre letrado Vergès, un expediente judicial «es el resumen de una novela, el argumento de una tragedia, la sinopsis de una película», sin embargo, se trata de una historia *siempre abierta,* inconclusa, indeterminada pero determinable, y a la que corresponde a los jueces poner término, *encarnar al ciego destino.*

En definitiva, y sin soltarnos de la mano de este célebre abogado que luchó, entre otras batallas, en la defensa de los miembros del Frente de Liberación Nacional argelino:

> Si el ritual de un juicio es invariablemente el mismo, el resultado siempre sorprende. Porque un juicio, cualquiera que sea su naturaleza, no es algo mecánico sino un verdadero monstruo, Minotauro o de Frankenstein, engendrado de un sacrilegio: el derecho —increíble, ahora que lo pienso— que ciertos hombres se arrogan para juzgar a otros.

Finalmente, y sentado lo anterior, todavía podríamos sembrar una nueva duda acerca del verdadero *fin* del proceso judicial. ¿Realmente debemos considerar zanjada toda cuestión cuando se cierra el telón del juicio? Parecería razonable admitir que, una vez ofrecida una respuesta a las partes (acusación/defensa) y haber obtenido *su problema* una solución, el conflicto concluye. Sin embargo, en no pocas ocasiones la respuesta no satisface a todo el mundo y las incógnitas siguen latiendo y las preguntas sobre la verdad o la justicia, más allá de la precaria convención que es una sentencia, permanecen inquietantemente al acecho. Por eso los diálogos platónicos —que son un juego de interrogantes y refutaciones en donde nada se impone— terminan inconclusos, siempre abiertos.

Hablamos del proceso como una suerte de obra teatral —que tan bien le sirve de metáfora— y, ahondando en este símil, se podría pensar en una pieza de vanguardia en la que se termina rompiendo la cuarta pared, pero en un movimiento, como ocurre con algunos cantes, *de ida y vuelta*, es decir: los actores miran y le hablan al público, pero también este interfiere, interpela y mantiene una relación directa con el tribunal, cuestionándolo, condicionándolo de alguna manera, presente o futura.

2.5. La relación entre proceso —entre derecho— y literatura viene de antiguo. Y, como señala el profesor Talavera, resulta conflictiva desde sus comienzos, que sitúa en la mencionada *República* de Platón y su propuesta de destierro de los poetas.

En todo caso, nos interesa más aquí detenernos en la distinción que Talavera lleva a cabo entre un «punto de vista interno» (y que resumimos en que el derecho no sería sino «un tipo particular de relato literario», o, lo que es lo mismo *derecho como literatura*) y un «punto de vista externo», entendido como la constatación de que el mundo jurídico —con el proceso como eje central según venimos aludiendo— resulta ser el tema principal de numerosas obras literarias, sirviendo la articulación de tal *escenario judicial* como herramienta para la reflexión no sólo del poder o del mundo jurídico —o incluso del «mundo administrado» (Sánchez Usanos)— sino de la propia *condición humana*.

El derecho, pues, como *una gramática más,* o lo que es lo mismo y siguiendo con el argumento esbozado más arriba de la mano de Joan-Carles Mèlich, el *mundo jurídico* entendido no tanto como un *espacio* o un *lugar* (los tribunales, los parlamentos, las comisarías), sino como una gramática. Una gramática *poderosa*[19].

19   Resulta interesante, mas no podemos dedicarle el espacio que merece, el análisis que Sánchez Meca (2016: 185) realiza del mundo del derecho en tanto

Eso sí, el proceso judicial —concebido aquí, entre las demás cosas que podría ser, como una expresión propia del lenguaje jurídico— exigiría de la misma labor *hermenéutica* que todo lenguaje requiere[20].

2.6. Precisamente la referida relación entre *proceso-literatura-gramática-hermenéutica* nos pone sobre la pista de unos de los principales temas que nos ocupará algo más adelante y que tiene que ver con las conexiones que se pueden trazar entre preguntar —una de las actividades principales de un proceso: se interroga a los testigos o, también, a las partes— y *preguntarse*; entre el diálogo —el proceso como relatos entrecruzados que dialogan entre sí— y el pensamiento o conversación con uno mismo.

En este punto, resulta interesante recordar el análisis que el gran maestro Emilio Lledó llevó a cabo tras una de sus primeras lecturas de la obra principal de Gadamer *Verdad y Método*:

> El lenguaje como medio de la experiencia hermenéutica ocupa la última ma parte de la obra. A este nuevo estadio en su investigación, donde el lenguaje aparecerá además como horizonte de la ontología hermenéutica, llega el autor tras un capítulo en el que se estudia, sobre el modelo de la ontología platónica, la primacía ontológica del «pregun-

---

que ejercicio de un poder que resulta *inaccesible* —imposible de conocer o de acceder a su sentido— para el ciudadano que, como K., se ve inmerso en una oscura e impenetrable maquinaria legal que resulta asfixiante.

20   Tampoco podemos detenernos aquí para desarrollar como merece este particular, pero nos permitimos invitar al lector o lectora a que acuda a las páginas de *Derecho y Literatura* en las que Pedro Talavera navega por las procelosas aguas que discurren bajo el *puente hermenéutico* que, partiendo de la obra de Gadamer, sitúa en diferentes orillas a pensadores imprescindibles como Dworkin (y su sugerente tesis de la «novela en cadena»), Posner (el padre del análisis económico del derecho) o Hirsch.

Se trata, en resumen, de un debate que ni remotamente puede asimilarse a una frívola *tertulia literaria de café*, más al contrario, supone defender, o defenderse de, posturas interpretativas de la norma que den lugar a, *v.g.*, resoluciones como la reciente sentencia del Tribunal Supremo Norteamericano en contra del derecho al aborto, y que ha supuesto el fin de la conocida doctrina emanada de *Roe vs. Wade*.

tar». Toda la teoría del logos platónico como respuesta, supone que hay una incesante dualidad entre pregunta y respuesta; la dialéctica socrática nos enseña que es más difícil el plantear la pregunta que el hallar la solución. Toso saber nos llega, pues, a través de un previo preguntar. «El arte de preguntar es el arte de seguir preguntando y esto no es otra cosa que pensar. Se llama dialéctica porque es el arte de llevar a cabo un verdadero diálogo [...] La lógica de la pregunta y la respuesta, cuya importancia comenzó a destacar R.G. Collingwood, deja ver la fecundidad hermenéutica que encierra. Efectivamente sólo podemos comprender los sucesos históricos cuando hemos sido capaces de reconstruir la pregunta a la que el obrar de los protagonistas responde».

Vemos aquí la relación antes insinuada y apuntada: el juicio (el proceso) como epítome del interrogatorio, de la pregunta por *lo que sucedió,* pero también de la duda: se pregunta, se escucha y *se duda*[21]. Así las cosas, el juicio iría sumando piezas no tanto —siguiendo el camino trazado por Rorty— para *descubrir* la verdad como para *re-construirla.* Es más, una de las diligencias más representativas de un proceso penal es, precisamente, *la reconstrucción de los hechos* que se lleva a cabo con la participación del supuesto criminal, quien *rememora* —otra vez la memoria— frente al juez de instrucción, que *imagina*.

2.7. Ya hemos dicho que en un juicio se cuentan *historias* —cada parte la suya, la que le interesa —, y no está de más recordar la etimología de un término que hizo célebre Heródoto de Halicarnaso y que originariamente significó investigación o pesquisa. La historia como indagación sobre lo que ocurrió, si bien teniendo presente —como bien supo ver el mítico periodista y escritor polaco Ryszard Kapuściński en su bellísimo libro *Viajes con Heródoto*— lo escurridizo de la verdad, lo interesados y sesgados que pueden llegar a ser los testimonios de quienes vivieron y ahora cuentan lo que dicen que vieron o escucharon.

---

21   En la reciente serie de televisión *La acusación* (Daniel Prochaska, 2021), el peculiar letrado defensor afirma que ese es justamente su trabajo: *dudar*.

La prueba testifical, por tanto y en cuanto que *relato histórico,* resulta ser una narración o una (re)creación que se nutre del mismo material que la literatura: memoria, siempre lábil, e imaginación, nunca suficientemente embridada.

Sin alejarse mucho de estas consideraciones hay quien ha tratado de poner en relación la labor del juez pesquisidor con la del historiador que cuestiona, disecciona y reconstruye nuestro relato sobre el pasado. En este sentido, Carlo Ginzburg —precisamente en una obra titulada *El juez y el historiador*— toma como punto de partida y hace suya la afirmación del gran jurista italiano Luigi Ferrajoli de que «el proceso es, por así decirlo, el único caso de "experimento historiográfico": en él las fuentes actúan *en vivo*, no sólo porque son asumida directamente, sino también porque son confrontadas entre sí, sometidas a exámenes cruzados, y se les solicita que reproduzcan, como en un psicodrama, el acontecimiento que se juzga». No obstante, como quiera que la prueba practicada en un juicio tiene *algo de teoría cuántica* —entendida esta *boutade* en el sentido de que se conforma, se articula o se va construyendo en términos más de probabilidad e incertidumbre que de total o absoluta certeza—, se antoja singularmente más relevante y útil que atender en exclusiva a las respuestas ofrecidas, detenerse en los interrogantes que se realizan: qué y cómo se pregunta por parte del juez/historiador, obligado a rebuscar entre las ruinas del pasado, no como un trapero que lo fía todo al azar, sino como quien alberga una hipótesis de qué y cómo sucedió aquello que se está investigando y explora siguiendo un plan meditado y preconcebido.

2.8. Sin embargo, no siempre habría sido así y tal vez debamos preguntarnos no sólo la eficacia o la validez de la prueba —testifical o de cualquier otra naturaleza— sino qué es lo que *prueba la prueba.*

Foucault, en su singular reinterpretación del mito de Edipo, nos pone sobre la pista de los procesos judiciales míticos y arcaicos en los que las partes eran sometidas a una *prueba*, como podría ser realizar un juramento —«juro ante los dioses que no he conspirado contra ti»— o llevar a cabo un acto personal de exposición —recuérdense las *pruebas* a que se vio sometido el protagonista de *Indiana Jones y La última cruzada* (Steven Spielberg, 1989), una de las cuales rezaba aquello de «sólo el penitente pasará»; o, el brutal juicio por combate, a muerte y ante los ojos de dios, que se narra en *El último duelo* (Ridley Scott, 2021)—, sin que, una vez cumplido este ritual en el que se prescinde de jueces, de sentencia o de genuina búsqueda o indagación de la verdad, resultara innecesaria la práctica de otra verdadera *prueba*, tal y como ahora la entendemos en nuestro proceso de cognición judicial, como podría ser la exhibición de documentos o la declaración de testigos. Ahora, pues, la apuesta es por el conocimiento.

Sin embargo, como en una ocasión reconocía un veterano abogado defensor, y a pesar de que Fenech, uno de los padres del derecho procesal penal en nuestro país, sostuviera que durante el juicio se buscaba alcanzar una *reconstrucción* —teatral, podríamos añadir— de la verdad histórica, lo cierto es que *todo eso no son sino meras palabras*, ya que el verdadero objetivo de cada una de las partes es ganar el caso.

Condena o absolución.

Ese es el trágico dilema.

Convendría, finalmente, rescatar en este punto a la injustamente poco conocida pensadora letona de mediados del siglo pasado Judith Shklar —quien, por lo demás, atesoraba muchas papeletas para que se la olvidara: mujer, judía, disidente, exiliada—, preocupada en sus obras por una realidad que, en ocasiones y quizás por su obviedad, nos pase desapercibida como aquella *carta robada* de Poe que estaba frente a nuestras narices: la justicia —léase aquí, el derecho— *es una forma de política*, de tal suerte que el proceso judicial no sería la antítesis de la política sino *otra forma* de acción política: el derecho como instrumento de (y del) poder, no como instrumento *de saber*.

2.9. Es conocida la afirmación de Aristóteles contenida en su *Poética* que asevera que mientras que la historia se ocupa de describir lo particular y lo que, de manera contingente, *ha ocurrido*, la poesía —*más filosófica y elevada*— se preocupa de relatar, y por tanto dotar de sentido, lo más amplio, aquello que *podría haber ocurrido*, es decir, lo que no llegó a ser pero que tal vez *debería haber sido*. De nuevo la *contingencia* sale a relucir.

Esa *carambola que casi salió* —que cantaba Sabina— y a la que nostálgicamente nos aferramos entre tanta *necesaria* derrota.

Tal vez por eso hablamos de *justicia poética* y no de *justicia histórica*, porque restaurar el desequilibrio en la balanza pasaría por ajustar cuentas no tanto —o no necesariamente— con *lo que ocurrió* y sí más con aquello que *efectivamente* no ocurrió, pero, sin embargo, *sí debió haber sucedido*: el impuesto cuyo pago fraudulentamente se eludió, el golpe que inicuamente se recibió, el desahucio que indebidamente se tramitó. De ahí que la justicia, que tiene mucho de técnica, tenga también sus dosis de poesía, y es que nada mejor que el arte para explicarnos a nosotros mismos.

Nosotros, que, si bien somos física y química —de nuevo Sabina, con permiso de Severo Ochoa—, somos también *algo más*, —o, si se quiere, *un algo distinto*—; un algo que excede las leyes de la biología o las reglas de la matemática; algo que desborda el estrecho marco de la ciega visión económica del mundo —el ser humano como mero consumidor y usuario—; un algo que no cabe explicar, como hemos visto, a la luz de un frío algoritmo.

Somos razón, sí, pero también piel.

Neuronas y epidermis.

Relacionado con lo anterior, fue también el filósofo de Estagira quien escribió aquello de que «decir de lo que es que no es, o de lo que no es que es, eso es falso mientras que decir de lo que es que es y de lo que no es que no es, eso es verdadero» (*Metafísica*

IV, 7). Expresado de otro modo: habría verdad cuando existe o concurre un ajuste o adecuación entre lo que se dice (el sujeto) y lo que hay (objeto).

Sin embargo, como nos recuerda la siempre interesante y no menos inquietante pensadora y poeta Chantal Maillard, aun a pesar de lo dicho, el propio Aristóteles reconoce en *De interpretatione* que existen proposiciones que no son ni verdaderas ni falsas, tal y como ocurre en las proposiciones de la obra poética, o la dramaturgia. A lo que podríamos añadir, *o de la justicia*.

Por todo, la acusación o la defensa desarrollada en un juicio no sería sino una *historia que, además de ser coherente —de tener lógica interna— «funciona»,* es decir, *obtiene los resultados esperados*, lo que, argumenta la poeta y filósofa, *no depende de que se acierte a representar una supuesta realidad externa, sino de que la coherencia de la propuesta sea fuerte.*

Gramática y pragmática caminando de la mano.

Justicia *con arte.*

Ley *con magia.*

2.10. Parece poco discutible que el derecho, como la buena literatura, tiene algo del artificio y del misterio de la magia. Las palabras otorgan poder, tienen fuerza transformadora o *performativa*. Con ellas se puede *hacer cosas*, desde enviar alguien a prisión hasta desahuciar a una familia de su hogar. La norma jurídica, el ritual del sortilegio legal, es capaz, tal y como ha sabido adivinar el pensador belga Laurent de Sutter, de dar rostro, de encarnar la necesidad en un mundo contingente. El poder mágico del derecho se asemejaría así al de la poesía ya que ambos lenguajes serían instrumentos útiles para intentar aparentar como necesario aquello que es meramente azaroso, provisional, finito e imperfecto. La vida misma.

Esto de la magia puede sonar muy bien. Sin embargo, para Stucka, un interesante y olvidado jurista soviético, el derecho se definiría más como un sistema (u ordenamiento) de relaciones sociales correspondiente a los intereses de la clase dominante y tutelado por la fuerza organizada de esta clase. En este mismo sentido, para el pensador de Riga, no cabría una sociedad en la que articular una conciliación o convivencia posible entre intereses contrapuestos sin que, al final, no acaben surgiendo relaciones de dominación de unos sobre otros.

Por tanto, aquellos *fuegos de artificio* de la ley no deben conseguir embaucarnos provocando que nos confiemos y creamos vivir en un permanente *año del pensamiento mágico* respecto de la bondad del derecho o de nuestro sistema legal, ya que, sin perjuicio de la discusión acerca del origen más o menos democrático de sus normas o de las dudosas intenciones que pueda albergar, se crea el espejismo de una cierta seguridad basada en la racionalidad, la equidad, la certeza y la lógica de un entramado jurídico lleno de supuestas garantías.

Sin embargo, las normas jurídicas responderían a un momento social y político determinado y, para qué nos vamos a engañar, se entrelazan con una determinada concepción del mundo fijada por unos, también, muy determinados —aunque se camuflen como *neutrales*— intereses particulares. Es nuestro repertorio.

Eso sí, tampoco está de más acercarnos al fenómeno de la legislación con los instrumentos hermenéuticos de la teoría de estratos propia del juicio estético, y ello en tanto en cuanto, podemos quedarnos con la mera letra de la ley como *aquello que está* —el derecho como hecho— o, también, tratar de ir más allá e investigar *lo que emerge* así como preguntarnos *por qué* emerge o incluso *si debería o no* emerger.

En este punto, Javier Muguerza ya nos ponía sobre la pista del recorrido que había que seguir entre la invocación de los derechos humanos —esto es, aspiraciones o exigencias morales, acaso reclamables políticamente— y los derechos propiamente jurídicos —y, por tanto exigibles ante los tribunales—, que lo son una vez recogidos en leyes, constituciones o tratados internacionales. Y ello en tanto en cuanto se trata de lo que el filósofo de Coín denominaba *el paso de la ética al derecho a través de la política*, un camino que ponía en relación ética y derecho, una conexión que, a juicio de Muguerza, podía discurrir por una vía *consensualista (*o *irenista*) o, en cambio —y por esta concepción abogaba nuestro pensador—, una vía *conflictualista* (o *agonista*).

En este sentido, frente al *repertorio* legal establecido y en contra de la *trampa del consenso* (que casi siempre esconde y arroja sombras sobre determinados colectivos o minorías), sería la *imaginación disidente*[22] la que habría demostrado su *notable capacidad de diversificación* en la invención, descubrimiento o conquista de los derechos (Muguerza, 1988).

Y es que lo que conocemos como ley positiva —ya sea en su forma de norma o código o, incluso, como la concreción en una determinada sentencia— no tiene ni remotamente que ser *la verdad*. Como nos enseñó el profesor y activista Antonio Manuel, «la verdad no es de quien la dice, sino de quien la ejerce». Así:

> En los márgenes habita la verdad. Si no existieran las notas marginales de defunción o divorcio, siempre estaríamos vivos o casados para el Registro. El margen corrige los errores cometidos en el cuerpo de la página. Y puestos a elegir, prefiero el margen izquierdo. Rebelde. Inconformista. Por sí. Pero nunca para sí. Ni por caridad. Sino para los más débiles y por justicia social. Decía Bertolt Brech que «cuando la verdad sea demasiado débil para defenderse tendrá que pasar al ataque». Así lo han hecho en la margen izquierda. En el mismo corazón del Campo de la Verdad. En Rey Heredia[23].

---

22   Sobre la importancia de *saber decir no*, del derecho de resistencia del disidente y sobre la construcción *interesada* de la ley, no es ocioso recordar aquello de que «de todas las opiniones, la de la mayoría nunca es la más sabia. De todas las dictaduras, la de la mayoría es la más peligrosa. La democracia es la legitimación de la violencia que unos pocos ejercen al amparo de los muchos» (Maillard, 2019).

23   Por ponerle algo de contexto a este artículo de Rodríguez Ramos publicado en El día de Córdoba en 2013, el 4 de octubre de ese año unas doscientos personas entraron en el colegio abandonado Rey Heredia de Córdoba comenzando así la "Acampada Dignidad", que se encargaría de devolver a la vida un edificio municipal —curiosamente situado en un barrio denominado, poética, catastral y administrativamente, "Campo de la Verdad"— que pudo así trans-

En resumen, manipular o aplicar la ley supone, en no pocos casos, escoger entre los diferentes y posibles criterios hermenéuticos que, a su vez, acabarán perfilando una determinada sentencia, la cual, como se ha dicho, se constituye como un relato final y cerrado que tiene que ver con nuestras vidas.

Literatura con poder.

En todo caso, la sentencia —sin perjuicio de la posibilidad de recurso, lo que significa que habrá otra sentencia posterior que la confirme o la impugne— no deja de ser la solución *necesaria* tanto para el juez como para las partes o incluso para el espectador.

Si bien en el origen existió una contingencia —que motivó el conflicto—, el *repertorio* legal implicaría la *forzosidad* del resultado. De *un* resultado.

2.11. Junto a lo dicho conviene recuperar algo que ya dejamos apuntado al comienzo y sobre lo que nos detendremos en la segunda parte de este pequeño libro: nos referimos a lo que tiene que ver con el *efecto espejo* propio de un juicio. En él nos vemos reflejados y, aunque a veces pareciera que nos situamos en el *Callejón del gato,* nuestra imagen es la propia de un ciudadano o una ciudadana que se contempla a sí misma dentro de un determinado contexto social.

Tratamos de explicarnos.

Ante un tribunal, la persona acusada (o la víctima, en su caso) *tiene derechos* y, por tanto, es reconocida como tal persona. Además, tiene la posibilidad de defenderse *en la misma condición* en que es atacada.

Sobre este extremo, la profesora Nuria Sánchez Madrid sintetiza:

> Subrayado como una potente paradoja por Arendt, consistente en que sujetos a los que las leyes de sus países de acogida han rehusado reconocer como ciudadanos, debido a su condición de apátridas, pu-

---

formarse, de moribundos ladrillos vacíos, a un vivo centro social para el barrio y colectivos de toda la ciudad.

dieran sentir un cierto alivio tras la comisión de un delito. *En efecto, esta «acción» delictiva actuaba milagrosamente como cauce que les permitía adquirir la condición de persona susceptibles de condena por el sistema judicial de esos mismos Estado*s. (Sánchez Madrid, 2021: 193).

[Nuestra es la cursiva]

Es decir, el proceso judicial nos sirve para *reconocer-nos* —tanto a nosotros mismos, como al otro, a la otra— como *personas* iguales en dignidad y derechos. Mas, como ha señalado el profesor García-Morán, es precisamente esto lo que, en su célebre defensa, no parece entender el judío Shylock en *El Mercader de Venecia* de Shakespeare, cuando en su conocido monólogo se lamenta preguntándose si acaso los judíos no tienen ojos, manos, afectos o pasiones, si no sangran cuando se les pincha, si no mueren cuando se les envenena. En este sentido, señala García Morán, Shylock apela a «una humanidad común que pueda ser reconocida por todos los hombres en términos exclusivamente físicos o corporales» ignorando, en cambio, que «la verdadera naturaleza del problema radica en otra parte: que el conflicto surge, en realidad, cuando se traspasan las fronteras corporales y nos adentramos en el terreno de los juicios, de las opiniones, de las creencias y de los valores, máxime cuando aparecen vinculados a una etnia concreta, a una determinada cultura o a una forma particular de vida».

El proceso, por todo, como un ejemplo paradigmático del célebre e innegociable principio que avala el *derecho a tener derechos* y que popularizó la filósofa de Hannover.

Pero, al mismo tiempo, el tribunal nos muestra algo así como un *reflejo interno*: una imagen, enjuiciada, de nuestra propia conciencia.

En este sentido, si antes hablábamos de la *confusión* entre conceptos legales y jurídicos, resulta habitual hablar del *tribunal de la conciencia*. Sobre esta cuestión, nada más pertinente que dar la palabra, una vez más, al maestro Javier Muguerza:

Comenzaremos, pues, por la metáfora del «tribunal de la conciencia». Aunque las alusiones a una supuesta «voz de la conciencia» se remontan a los orígenes de la literatura filosófica —como en el caso de la famosa «voz demónica», la phoné daitnoniké, que Sócrates oía en su interior y le avisaba contra la acción que estaba a punto de emprender, según éste nos cuenta, por boca de Platón, en su Apología—, el mejor ejemplo que en esa literatura se conoce de una concepción de la conciencia, y en particular de la conciencia moral, como un juez o un tribunal de nuestros actos lo encontramos en la filosofía moderna y, muy concretamente, en la obra de Kant, quien en su Metafísica de las costumbres, invocando el «tribunal interno al hombre» de San Pablo «ante el que sus pensamientos se acusan o se disculpan entre sí», escribiría que «la conciencia (Bewusstsein) de semejante tribunal interno al hombre es la conciencia moral (Gewissen)».

Así las cosas, si al vernos *reflejados* de alguna manera *nos desdoblamos*, la metáfora del proceso judicial nos permite entender cómo es posible que, al mismo tiempo, podamos ocupar la doble posición de *reo* y de *juez*. De ahí que, como el propio Muguerza se ocupa de subrayar en el artículo citado y siguiendo a su maestro —y el de tantos— José Luis López Aranguren, «el sujeto moral es siempre un "in-dividuo"» si bien:

> en tanto que sujeto moral, el individuo es también «dividuo», es decir, dividido en dos o dos en uno, que es lo que le permite desdoblarse —dentro de ese proceso de reflexión, de reflexión moral, que era para Platón «el diálogo del alma consigo misma»— en un ego y un alter destinados a oficiar de interlocutores en tal diálogo o, si quisiéramos decirlo echando mano de un par de pronombres personales, lo que le permite desdoblarse en un «yo» y en «tú» que deliberan.

Este proceso interno supone un ejercicio de diálogo de uno consigo mismo en tanto que el individuo se escinde y despliega, consigo mismo, diferentes roles que le permiten *enjuiciar* sus acciones y sus decisiones. *Enjuiciar-se.*

2.12. Sin embargo, la posición que nos hace ocupar el proceso —y que es impuesta— también nos condiciona. Sobre este asunto Hannah Arendt, ante las críticas de que fue objeto tras la publicación de *Eichmann en Jerusalén,* se vio obligada a defenderse *como judía,* pues era precisamente por tal condición —y no por la *genérica* de ser humano— por la que había sido atacada. Era tal cualidad —como podría haber sido la de mujer o la de alemana— en la que la habrían situado, o incluso *reducido,* al considerarla sólo bajo el prisma de esa condición *otorgada* por los demás y que la torna —apunta Fina Birulés— en prescindible y superflua (ya que es susceptible de ser sustituida por cualquier otro judío), amén de *inocente*, toda vez que sus opiniones y acciones se valorarían ya como el resultado necesario e ineludible de unas condiciones que le habrían sido dadas sin poder elegir. Concluye, Birulés, con el desesperanzador hallazgo de que, en nuestro tiempo, «el precio de la absoluta inocencia es el de no tener un lugar en el mundo, el de la imposibilidad de singularizarse, de ser libre».

2.13. Venimos hablando acerca del juicio, de su relevancia como ejercicio de *diálogo impuesto* entre una versión del acusado y sí mismo. Una relectura del pasado, desde el presente, con la mirada puesta en el futuro: condena o absolución.

Sin embargo, como tendremos ocasión de ver más adelante, no resulta tan fácil someterse al proceso de un juicio (real o metafórico) en el que se airean nuestros trapos sucios.

Esta es la opinión que defiende Jean-Baptiste Clamence —un antiguo abogado francés tornado en su singular exilio holandés en un «juez penitente»—, el personaje principal (¿y único?) de *La caída,* la perturbadora novela de Albert Camus en la que aparentemente entabla una conversación con un tercero a quien nunca escuchamos, por lo que, en realidad, pareciera que sólo dialoga consigo mismo. En este permanente discurso —interior— el letrado, que reconoce que en su corazón «tenía lugar sin tregua el juicio contra los demás», argumenta:

> sobre todo la cuestión es evitar ser juzgado. No digo evitar el castigo. Porque el castigo sin juicio resulta soportable. Además hay un

término que garantiza la inocencia: el infortunio. No, se trata, por el contrario, de atajar los juicios, de evitar ser siempre juzgado, y que nunca se pronuncie sentencia. (Camus, 2021: 68, 69).

Hay también, en el alegato del verborreico abogado protagonista de la novela del premio nobel francés, una relación entre derecho, lenguaje y poder, pues, más allá de las palabras siempre infinitas, y de los interminables diálogos en los que podemos enfrascarnos sin obtener una respuesta final y satisfactoria, tenemos la necesidad de zanjar los litigios —de toda naturaleza, no sólo los estrictamente legales— con una *última palabra,* que es la de quien detenta el poder: la de quien puede hablar sin que nadie le rechiste ni le contradiga.

Además, evitar el juicio (o también, el acto de enjuiciarse) nos libera de la sensación de culpa. Camus lo explica así:

Ya se lo he dicho, se trata de atajar los juicios. Como resulta muy difícil atajarlos, y delicado hacer admirar y excusar la propia naturaleza, todo el mundo intenta ser rico. ¿Por qué? ¿No se lo ha preguntado? Por el poder, claro. Pero, sobre todo, porque la riqueza evita el juicio inmediato, aparta de la muchedumbre del metro para encerrarnos en una carrocería niquelada, aísla en amplios parques protegidos, en coches-cama, en camarotes de lujo. La riqueza, querido amigo, llega a ser una absolución, pero es un sobreseimiento, que tampoco está del todo mal... (Camus, 2021: 73).

2.14. Cada crimen demanda su juicio, o lo que es lo mismo, todo lo que hacemos, por extraño o insólito que parezca, nos interpela solicitando una narración que le otorgue sentido.

No nos conformamos con conocer quién ha cometido el delito, que A mató a B. No es suficiente. Necesitamos que nos narren, como hacen las sentencias cuando recogen un relato de hechos probados, una historia en la que se dé cuenta de por qué el delincuente decidió en algún momento apartarse de la ley. Echar la vista atrás y desandar el camino de baldosas amarillas que une el banquillo de los acusados con la mesa donde se trazan los *planes perfectos* que terminan fallando. Para eso *nos sirve* —entre otras tantas utilidades más prosaicas— un proceso judicial.

Sin embargo, Kafka imaginó un sórdido y asfixiante mundo en el que la función de los tribunales era otra bien distinta.

El proceso arranca con una de las más célebres y enigmáticas frases de la historia de la literatura: «Alguien debió de haber calumniado a Josef K, porque sin haber hecho nada malo, una mañana fue detenido». A partir de ese insólito momento, la vida del protagonista discurrirá por un camino que responde, como pone de manifiesto Orson Welles al comienzo de su angustiosa y desasosegante versión cinematográfica, a la lógica de los sueños o de las pesadillas.

Nunca lograremos descubrir de qué se le acusa al Sr. K. —y, como es sabido, no es posible defenderse ante lo indetermina-do—, ni acertaremos a comprender las reglas o las fases de un ininteligible y laberíntico proceso que, como ocurre con las escenas que se superponen en la novela, no vienen de ningún sitio ni conducen a lugar alguno. Se trata de un procedimiento *absurdo*, es decir y de acuerdo con su origen etimológico —que contiene la raíz *surdus* (sordo)—, una concatenación de palabras disonantes en las que el acusado y sus razones no son escuchadas ni atendidas. Un *nolugar* en el que carece de sentido esforzarse por ser persuasivo o por narrar mejor que el otro ya que no hay concurso posible entre relatos; se trata de mera ceremonia autorreferente y vacía; forma sola sin ningún significado. Un proceso que, más allá de la evidente crítica a la hipertrofiada burocracia o, incluso, a los estados totalitarios en los que el poder —que todo lo controla— se infiltra hasta en los recovecos más íntimos de la vida la ciudadanía —recuérdese que la policía permanece en la habitación de K. mientras éste se viste—, también nos sirve, continuando con la metáfora que venimos desarrollando en este libro, para, aunque resulte contradictorio, narrar o dar sentido al sinsentido.

La incoherente sucesión de breves y sinuosos episodios que vive el Sr. K. tras su injustificada detención rompen con cualquier hilo narrativo. No responden a ninguna lógica espacio-temporal ordinaria. Hay saltos de días o meses entre un capítulo y otro, y no hay continuidad entre los escenarios en los que se desenvuelve la onírica peripecia del acusado, que sube y baja interminables escaleras o abre puertas que conducen a lugares imprevisibles.

El sentido desaparece. La línea del tiempo que nos sirve para poder articular la narración de una historia se difumina, explota y se dispersa en infinitos puntos inconexos entre sí. Como supo denunciar Byung-Chul Han —un *filósofo pop* con la aguda capacidad de someter a crítica la contemporaneidad— en su espléndido libro, de título no menos hermoso, *El aroma del tiempo*, viviríamos una época de *atomización* o discontinuidad del tiempo en la que se habría perdido la experiencia de la *duración*, de tal modo que la vida «ya no se enmarca en una estructura ordenada ni se guía por unas coordenadas». Una vida atomizada que, de acuerdo con este esquivo filósofo, implica a su vez una «identidad atomizada». Seres sin duración, sin sentido, episódicos, sin aroma, absurdos, disonantes, sin una narración —que discurre por una línea y no por puntos dispersos, entre los cuales, necesariamente, hay siempre un vacío—, sin historia, sin memoria, sin porvenir.

Como el Sr. K.

El lisérgico y tortuoso proceso que Kafka imagina desarma —y desalma— al detenido, lo reduce a un mero ente sin potencialidades, sin atributos, sin *categorías,* un término que alude a lo que podemos predicar del ser y que, curiosamente, significaba *acusación* en su lejana etimología griega. Mas, insistimos, paradójicamente incluso este singular y errático remedo novelesco de un procedimiento judicial, al situarnos frente a algunos de nuestros temores más sombríos —como que nos quiten el derecho a, como cantara el poeta, pedir la paz y la palabra–, nos puede ayudar a comprender-nos, a ofrecer voz al ahogado grito del silente, a darle sentido a este acelerado y disperso mundo nuestro.

2.15. Nuestra *ciudadela interior* —que diría un estoico asido de la mano de Pierre Hadot— es el último reducto en el que, con sinceridad, valoramos quiénes somos o qué hacemos. El lugar, inexpugnable e íntimo, donde está nuestro principio rector, donde articulamos nuestro discurso interior. Donde enjuiciamos el mundo, sin olvidar que, nosotros, somos también parte de él.

Y es que, parafraseando a Aranguren, somos seres con una «moral como estructura», esto es, condenados a ser libres, forzados a tener que elegir ante las vicisitudes de una vida que nos es dada pero que no está hecha sino por hacer, y respecto de la cual estamos en la obligación de *hacernos cargo*, de *conducirnos*, de escribir —una vez más la literatura de por medio— nuestra propia biografía. Pero también somos seres con una «moral como contenido», entendiendo esto como la necesidad o inexcusable deber de *justificar* lo que hacemos (o no hacemos), de explicar(nos) si hemos obrado (u omitido una acción) *justamente,* con justicia, cada vez que decidimos nuestras acciones y tratamos de ajustar nuestras preferencias y decisiones al mundo, sus estímulos y sus interrogantes. En esto, también un juicio nos sirve como símil: es imperfecto, está abierto y lleno de posibilidades respecto de las cuales *necesariamente* hay que elegir para poder concluir con la redacción de la sentencia, que debe, a su vez, dar cuenta, justificarse, explicar el porqué de sus preferencias.

Mas, como se verá más adelante, abdicar de la facultad (¿de este deber moral?) de enjuiciarse —de dialogar con uno mismo, de reflexionar, de cuestionarse, de hacerse preguntas, de reconocerse y reconocer a los demás como titulares de derechos—, nos *banaliza* y banaliza nuestras acciones, por perversas que estas pudieran resultar y sin que tal cuestión, desde el punto de vista objetivo, les reste un ápice de su crueldad o maldad *absoluta*.

Tenemos ya esbozado un pequeño mapa esencial, una mínima cartografía que nos permita adentrarnos en la segunda parte de este ensayo donde nos volveremos a encontrar con muchos de los conceptos e ideas aquí meramente apuntados o insinuados.

Sigamos investigando.

O contando historias.

SEGUNDA PARTE

CAPÍTULO III

POR LA ACUSACIÓN: SOBRE LA OBEDIENCIA Y EL PENSAR. LA BANALIDAD DEL MAL

La política y la ética no son compatibles... Yo también tengo ética, pero no en horario de trabajo.

(*19:30,* P. AMEZCUA)

3.1. El 15 de abril de 1961, en Jerusalén, comenzó la celebración de un juicio histórico. El acusado era el teniente coronel de las SS Adolf Eichmann, quien, siguiendo una de las conocidas como *ratlines* o rutas de ratas[24] había conseguido huir tras el final de la segunda guerra mundial hacia Argentina, donde vivió camuflado con el nombre de Ricardo Klement.

En mayo de 1960, agentes del Mosad capturaron a Eichmann y lo trasladaron, para su enjuiciamiento, a Israel, con la intención de que esta figura «gris y plomiza» respondiera por el asesinato masivo de judíos, especialmente en la Europa del Este.

---

24   Resulta de interés, para conocer estas vías de evasión, la obra del jurista británico Philippe Sands *Ruta de Escape,* Anagrama, 2021.

Por la fiscalía —representada por Gideon Hausner— se acusó al conocido como *arquitecto de la solución final* por la supuesta comisión de quince delitos: crímenes contra el pueblo judío, crímenes contra la humanidad y crímenes de guerra, todo ello durante el período del régimen nazi, y, en especial, durante el segundo mayor conflicto armado de la historia. Un tiempo que Muñoz Molina en *Sefarad* denomina como «la gran noche de Europa», una siniestra noche cruzada de largos trenes, de convoyes con «ventanillas clausuradas, avanzando muy lentamente hacia páramos invernales, cubiertos de nieve o de barro, delimitados por alambradas y torres de vigilancia» y en cuyo viaje, los prisioneros —una vez más nuestra condición narrativa— se contaban entre sí historias, es decir, de alguna manera, se aferraban a la vida.

Si bien por la acusación se pretendió dibujar a Eichmann como un ser maligno, perverso o sádico, el tribunal, tras los pertinentes informes psiquiátricos, determinó que el acusado era, ni más ni menos que *un hombre normal* e incluso *ejemplar,* de tal modo que tras «las palabras de los expertos en mente y alma, estaba el hecho indiscutible de que Eichmann no constituía un caso de enajenación en el sentido jurídico, ni tampoco de insania moral».

Finalmente, Eichmann fue considerado *culpable* y la noche del jueves 31 de mayo de 1962 subió al patíbulo en la prisión de Ramala, «fue ahorcado, su cuerpo incinerado y sus cenizas arrojadas al Mediterráneo, fuera de las aguas jurisdiccionales israelíes»[25].

3.2. Se alza el telón y se aprecia una completa oscuridad. Se atisba una mesa. Sobre ella hay dos o tres libros, un cuaderno, un lápiz, una botella de agua y un vaso. Al fondo una pantalla pro-

---

25   Como argumentó el tribunal: «Y del mismo modo que tú apoyaste y cumplimentaste una política de unos hombres que no deseaban compartir la tierra con el pueblo judío ni con ciertos otros pueblos de diversa nación —como si tú y tus superiores tuvierais el derecho de decidir quién puede y quién no puede habitar el mundo—, nosotros consideramos que nadie, es decir, ningún miembro de la raza humana, puede desear compartir la tierra contigo. Esta es la razón, la única razón, por la que has de ser ahorcado» (Arendt, 2003: 166).

yecta imágenes de Hitler en automóvil. Eichmann viste el uniforme caqui de los prisioneros. Es la noche del 30 al 31 de mayo de 1962. Junto a él dormita en una tumbona el filósofo Friedrich Nietzsche. Aparece en escena Immanuel Kant.

Así comienza la obra teatral *El sueño de Eichmann* en la que el filósofo francés Michel Onfray imagina y representa un imposible diálogo entre un azorado filósofo de la ilustración y un criminal de guerra mientras, al fondo, un irónico Nietzsche contempla la escena entre apuntes lapidarios y sentencias afiladas.

Se trata de un *juicio paralelo* al ocurrido en Jerusalén, en el que Eichmann trató de hacer valer sus convicciones kantianas como argumento de defensa —la obediencia debida a la ley como justificación de sus actos. La imposible disidencia bajo el reino del imperativo categórico—. Un juicio alternativo en el que es Kant quien se sienta en un imaginario banquillo para, finalmente, reconocer su *culpa* por «haber creado una filosofía impracticable [...] cometí el error de apuntar alto, demasiado alto. *¿Por qué no?* Creí demasiado en la razón y no creí lo suficiente en la realidad del mundo. *Me declaro culpable*». Interpelado por el filósofo prusiano, Eichmann seguirá reputándose *no culpable*, si acaso *responsable* en tanto en cuanto no hizo nada que no estuviera en contra ni de la ley ni de la religión de su país. Desconcertado, afirmará que no se arrepiente («¿Con qué objeto? Los arrepentimientos, los remordimientos son para los niños»), no podría cambiar nada, añadiendo:

> ¿Tuvo arrepentimiento o remordimiento el que lanzó una bomba sobre Hiroshima y luego, unos días después, otra sobre Nagasaki? ¿Eh? ¿Hubo arrepentimiento en ese caso? No. Sin embargo esa persona mató a miles de seres humanos lanzando dos bombas. ¿Y qué hizo? Lo mismo que yo. Exactamente lo mismo: era un soldado, recibió una orden y la ejecutó. Obedeció y ocasionó la muerte de trescientas diez mil víctimas... ¿Por qué no está preso? ¿Por qué no lo juzgan? ¿Por qué hasta los condecoraron a él y a toda su tripulación? [...] ¡Y usted me habla de justicia! (Onfray, 2021: 51).

«Nada de eso es falso» apostilla Nietzsche al alegato de Eichmann recién trascrito. Las *razones* que el soldado alemán esgrime en este juicio paralelo en el que trata de defenderse frente al filósofo que le habría ofrecido un pretendido asidero moral —y acaso un argumento legal— para sus actos nos incomodan. Tienen *algo de verdad*. Los hechos horrendos pueden ser castigados, o no, *según el sentido en el que se construya el relato de la acusación*. Según la gramática que se escoja por quien detente el poder de juzgar y aplicar la ley.

Detengámonos por un instante y fantaseemos imaginando que hemos sido convocados como miembros de un jurado en un proceso donde la fiscalía acusa a un piloto oficial de la Fuerza Aérea Alemana quien, a los mandos de su *Eurofighter*, ha disparado contra un avión civil con ciento sesenta y cuatro pasajeros con el fin, en principio *loable*, de evitar que un terrorista radical islamista, tras secuestrar el aparato (un *Airbus A-320*), lo estrellara, en unos minutos contra un estadio de fútbol que albergaba en aquel momento a más de setenta mil personas[26].

La Fiscal, de acuerdo con la literalidad del Código Penal, solicita la condena del piloto por un asesinato múltiple; el abogado defensor se esfuerza, por su parte, en justificar que, con sustento en *el principio del mal menor*, sólo resultaría moral y legalmente justificable la libre absolución de su cliente.

Con estos mimbres, más allá del problema jurídico, como integrantes de ese hipotético jurado nos tenemos que enfrentar a un difícil dilema: ¿está prohibido, en todo caso, disponer de la inalienable dignidad del ser humano (siguiendo, en principio, la conocida definición kantiana que afirma que se debe tratar siempre a las personas como un fin y no como un medio) y, por tanto, no es admisible *emplearlo* como un mero instrumento, por muy plausible que sea el objetivo pretendido (en este caso, *valerse* de la muerte, no querida ni buscada, de 164 personas para así salvar más de 70.000)? ¿O, en cambio, parecería *más razonable* que en

---

26   Se trata de un ejemplo extraído de Vilaplana, 2021: 58.

situaciones extremas y excepcionales como esta se permita desoír puntualmente los referidos principios y acudir al evidente criterio cuantitativo y utilitarista que concluye con la aparente obviedad de que es mejor y más sensato salvar la vida de muchos miles de seres humanos *a cambio* de la vida de unos pocos que, por lo demás y de cualquier modo, también iban a morir igualmente al estrellarse el avión en el abarrotado estadio[27]?

Este caso —ficticio y tal vez inspirado en el célebre «dilema del tranvía» de la filósofa Philippa Foot—, es el que se plantea la obra teatral *Terror* (Salamandra, 2019), del abogado penalista y escritor alemán Ferdinand Von Schirach —curiosamente, nieto de Baldur Von Schirach, líder en su día de las juventudes hitlerianas y posteriormente condenado en los procesos de Núremberg—, quien nos golpea en el estómago y nos coloca en la incómoda posición de tener que enjuiciar, como espectadores o jurados de uno de esos *casos difíciles* —lo cuales, como decía el juez Holmes, siempre terminan con el dictado de un *mal derecho*— que aparentemente no tienen una respuesta unívoca ni definitiva. Es más, *Terror* tiene dos finales (o se condena o se absuelve al piloto acusado) que se representan, alternativamente, según lo que el público vote tras escuchar los alegatos de fiscal y defensa. Teatro y proceso judicial, otra vez, caminando de la mano.

Mas, como ha sabido poner de manifiesto Slavoj Žižek, la obra teatral —como el falso juicio de Eichmann y Kant— coloca a quien la ve ante un *determinado punto de vista interesado* pues

---

27   En su obra *Responsabilidad y juicio* Hannah Arendt afirma que ese argumento del *mal menor* ha sido profusamente utilizado como «justificación moral», si bien —apostilla— aunque «quienes denuncian la falacia moral de este argumento son por lo general acusados de un moralismo aséptico ajeno a las circunstancias políticas, de no querer ensuciarse las manos», en cambio no habría sido «tanto la filosofía política o moral (con la sola excepción de Kant, que precisamente por eso suele ser acusado de rigorismo moral)» sino, más bien el pensamiento religioso el que más inequívocamente habría «rechazado todos los compromisos con los males menores» y todo ello para, finalmente, recordar que desde el punto de vista político «la debilidad del argumento ha sido siempre que quienes escogen el mal menor olvidan con gran rapidez que están escogiendo el mal.»

realiza la pregunta, de manera dilemática, de si condenar o absolver al piloto, pero obvia otras tantas cuestiones *problemáticas* (¿Por qué no evacuar el estadio, o cuáles serían las causas geopolíticas de los actos terroristas?), *presionando* al espectador para que escoja ante la consecuencia de otras elecciones anteriores respecto de las que nada pudo decir.

Pero volvamos por un instante al teatral encuentro entre Kant y Eichmann en el que, si bien el filósofo asume su cuota de culpa, el soldado alemán se afana en su férrea defensa. Como han puesto de manifiesto Jordi Balló y Xavier Pérez en su estudio del *Edipo Rey* de Sófocles, la lección del que llegara a ser rey de Tebas tras asesinar a su padre y desposar a su madre —esto es, una vez descubierta la verdad de sus actos, asumir su culpa y arrancarse los ojos—, no parece que sea escuchada por los grandes dominadores de la política internacional, de ahí que personajes como Milosevic sea juzgado «más como un funcionario que se autoexculpa que como uno de los grandes genocidas de la historia». Precisamente por esta misma línea argumentativa sería por la que transitaría un Eichmann que actúa como la «antítesis de Edipo», prefiriendo siempre ver la culpa en el rostro del otro.

3.3. El capítulo octavo de *Eichmann en Jerusalén* se titula «Los deberes de un ciudadano cumplidor de la ley», y en él la pensadora alemana recoge su sorpresa —e indignación— por el hecho de que el acusado, ya desde su primer interrogatorio policial, declarara «con gran énfasis», que «siempre había vivido en consonancia con los preceptos morales de Kant, en especial con la definición kantiana del deber». Esta desconcertante confesión es, como se podrá intuir, la que origina el *juicio paralelo* que se recoge en *El sueño de Eichmann*.

Contrariamente a lo que postula Onfray —para quien Kant es culpable de razonar «alejado de la realidad del mundo»—, Arendt se alinea con la postura de aquellos para quienes la «filosofía moral de Kant está tan estrechamente unida a la facultad humana de juzgar que elimina en absoluto la obediencia ciega», de ahí su incredulidad ante la «incomprensible» afirmación de Eichmann quien se consideraba a sí mismo un ciudadano «fiel cumplidor de la ley», esto es, alguien que «cumplía con su deber», una persona que no sólo obedece órdenes, sino que *obedecía la ley*. Así:

> Eichmann presentía vagamente que la distinción entre órdenes y ley podía ser muy importante, pero ni la defensa ni los juzgadores le interrogaron al respecto. Los manidos conceptos de «órdenes superiores» y «actos de Estado» iban y venían constantemente en el aire de la sala de audiencia. Estos fueron los conceptos alrededor de los que giraron los debates sobre estas materias en el juicio de Núremberg, por la sola razón de que producían la falsa impresión de que lo totalmente carente de precedentes podía juzgarse según unos precedentes y unas normas que los mismos hechos juzgados habían hecho desaparecer. Eichmann, con sus menguadas dotes intelectuales, era ciertamente el último hombre en la sala de justicia de quien cabía esperar que negara la validez de estos conceptos y acuñara conceptos nuevos. Además, como fuere que solamente realizó actos que él consideraba como exigencias de su deber de ciudadano cumplidor de las leyes, y, por otra parte, actuó siempre en cumplimiento de órdenes —tuvo en todo momento buen cuidado de quedar «cubierto»—, Eichmann llegó a un tremendo estado de confusión mental, y comenzó a exaltar las virtudes y a denigrar los vicios, alternativamente, de la obediencia ciega, de la «obediencia de los cadáveres», *Kadavergehorsam*, tal como él mismo la denominaba. (Arendt, 2003: 83).

Pero volvamos a Kant. Preguntado ya en el juicio sobre la citada declaración policial, Eichmann —puntualiza Arendt— habría sido capaz de articular una definición «aproximadamente correcta» del imperativo categórico: el principio de la voluntad debe ser tal que pueda devenir el principio de las leyes generales. No obstante, el acusado se defendió alegando que, una vez recibido el encargo de llevar a cabo la solución final, «había dejado de vivir en consonancia con los principios kantianos», buscando consuelo en el pensamiento de que ya no era «dueño de sus propios actos» y que poco podía hacer él ya que no podía «cambiar nada» (¿para qué *arrepentirse*, pues?).

Sin embargo, conviene subrayar lo que Arendt (2003: 84) reflexiona al respecto:

> Lo que Eichmann no explicó a sus jueces fue que, en aquel «período de crímenes legalizados por el Estado», como él mismo lo denominaba, no se había limitado a prescindir de la fórmula kantiana por haber dejado de ser aplicable, sino que la había modificado de manera que dijera: compórtate como si el principio de tus actos fuese el mismo que el de los actos del legislador o el de la ley común. O, según la fórmula del «imperativo categórico del Tercer Reich», debida a Hans Franck, que quizá Eichmann conociera: «Compórtate de tal manera, que si el Führer te viera aprobara tus actos[28]».

Para nuestra pensadora, en cambio, Kant «jamás intentó decir nada parecido», por el contrario —argumenta— cada ser humano se convertía en un «legislador desde el instante en que comenzaba a actuar», al servirse de su «razón práctica» se podían encontrar «los principios que podían y debían ser los principios de la ley».

Así las cosas, recuérdese que la definición kantiana del referido imperativo se resume en «obra como si la máxima de tu acción pudiera convertirse por tu voluntad en una ley universal de la naturaleza», concretándose por el filósofo prusiano que:

> La moralidad consiste, pues, en la relación de cualquier acción con la única legislación por medio de la cual es posible un reino de los fines. Esta legislación tiene que poder ser encontrada en todo ser racional y tiene que poder emanar de su voluntad, cuyo principio por lo tanto es éste: no acometer ninguna acción con arreglo a otra máxima que aquella según la cual pueda compadecerse con ella el ser una ley universal y, por consiguiente, sólo de tal modo *que la voluntad pueda con-*

---

28   Sobre la biografía del *abogado de Hitler* —y el origen del concepto de genocidio, y la historia de la ciudad de Leópolis, y otras tantas cosas— conviene destacar la minuciosa y adictiva obra *Calle Este Oeste* (Anagrama, 2017) del ya citado abogado y narrador Philippe Sands.

Igualmente, sobre la yuxtaposición entre una *apariencia de legalidad* o estado de derecho y una auténtica dictadura manifestada en decisiones arbitrarias por parte del poder, resulta recomendable el clásico *El estado dual* (Trotta, 2022) del jurista alemán Ernst Fraenkel, quien hubo de huir de su país en 1938 iniciando una extraordinaria aventura vital e intelectual.

siderarse a si misma por su máxima al mismo tiempo como universal-mente legisladora. Si las máximas no son ya necesariamente acordes por su naturaleza con este principio objetivo de los seres racionales, entonces la necesidad de la acción según aquel principio se denomina apremio práctico, esto es, *deber*. El deber no le incumbe al jefe en el reino de los fines, pero sí a cada miembro y ciertamente a todos en igual medida. La necesidad práctica de obrar según este principio, o sea, el deber, no descansa en sentimientos, impulsos e inclinaciones, sino simplemente en la relación de los seres racionales entre sí, en la cual la voluntad de un ser racional tiene que ser considerada siempre al mismo tiempo como *legisladora*, porque de lo contrario no podría pensarse como *fin en sí mismo*. Así la razón refiere cada máxima de la voluntad como universalmente legisladora a toda otra voluntad y también a cualquier acción ante uno mismo, y esto no por algún otro motivo práctico o algún provecho futuro, sino por la idea de la *dignidad* de un ser racional, el cual no obedece a ninguna otra ley salvo la que se da simultáneamente él mismo.

[...]

Yo sostengo lo siguiente: el hombre y en general todo ser racional existe como un fin en sí mismo, no simplemente como un medio para ser utilizado discrecionalmente por esta o aquella voluntad, sino que tanto en las acciones orientadas hacia sí mismo como en las dirigidas hacia otros seres racionales el hombre ha de ser considerado siempre al mismo tiempo como un fin.

[...]

Así pues, si debe darse un supremo principio práctico y un imperativo categórico con respecto a la voluntad humana, ha de ser tal porque la representación de lo que supone un fin para cualquiera por suponer un fin en si mismo constituye un principio objetivo de la voluntad y, por lo tanto, puede servir como ley práctica universal. El fundamento de este principio estriba en que la naturaleza racional existe como fin en sí mismo.

[...]

Ahora bien, la moralidad es la única condición bajo la cual un ser racional puede ser un fin en sí mismo; porque sólo a través suyo es posible ser un miembro legislador en el reino de los fines (Kant, 2012: 126 y ss)[29].

---

29   Se trata de la excelente versión castellana y estudio preliminar a cargo del profesor Roberto R. Aramayo.

Sin embargo, para Onfray, Eichmann sí que actuó como un genuino *nazi kantiano*: cumplió *formalmente* con su juramento nacionalsocialista, ejecutando sin discutir las órdenes de sus superiores. «Obedeció la ley porque era la ley, por amor a su forma, independientemente de su contenido y aunque este fuera enviar al matadero a millones de personas». Para el filósofo francés, en ningún momento Kant dice que haya que examinar el contenido de la normal legal. Es pura forma, vacía de contenido. Es más, para Onfray, la lectura que hace Arendt del filósofo prusiano tal vez sea menos fiel que la realizada por el soldado alemán y es que:

> En la lógica kantiana, el hombre nunca descubre los principios actuando: semejante hipótesis supondría que antes de la acción no existe principio, lo cual implicaría una acción motivada, no por algún principio determinado, sino por el azar. Así, a medida que va desarrollándose, guiada por nada, la acción haría emerger el principio que sólo entonces sería visible. Esta hipótesis es impensable pues el principio preexiste a la acción sin la cual no existiría la razón práctica.
>
> Antes de la razón práctica, hace falta el trabajo de la razón pura. ¿Y antes de la razón pura?, dirá el listo.

Para Onfray, en resumen, la *Crítica de la razón pura* «da a luz una rata y, al mismo tiempo, una nube de humo que la acompaña y oculta la superchería» y ello en tanto que, si a la razón práctica la fundamenta la razón pura, ésta a pesar de «las contorsiones» dialécticas kantianas, se termina sustentando en dios, la libertad y la inmortalidad del alma, una «infernal trilogía», al parecer del pensador francés (Onfray, 2021: 23-25),.

No obstante, tal y como subraya el profesor Gómez Caffarena, a la luz de los textos del pensador de Königsberg cabría defender que:

> El Criticismo kantiano se apoya en una básica gran confianza en la condición humana. El método trascendental asume tácitamente una «razón humana» bien constituida, capaz de instituir su autocrítica y corregir sus propias desviaciones y la reflexión sobre la conciencia moral conduce al descubrimiento de ese enigmático «Faktum der Vernunft» que instaura un uso «práctico puro» de la razón, con su ina-

pelable «imperativo categórico» que, al basarse en el «valor absoluto» del ser humano, «fin en sí mismo, nunca simplemente medio», hace a los humanos descubrirse como «autolegisladores autónomos», «seres personales», «dotados de dignidad y no precio», nunca disponibles como meros medios. Los descubre, en suma, como libres. (Gómez Caffarena, 2004: 41).

Sobre este extremo —sobre el reino de los fines y la inadmisibilidad de tratar a un ser humano como un medio, mucho menos considerarlo algo *prescindible*— volveremos más delante siguiendo la *línea de defensa* que esgrimiría el profesor Muguerza —uno de los *sospechosos habituales* de este libro— y sus reflexiones sobre el imperativo de la disidencia. Sin embargo, partiendo de cuanto llevamos dicho hasta este momento, y más allá de una interpretación meramente literalista —y parcial— de la obra del filósofo prusiano, bien podríamos decir que la ética kantiana, y sobre todo el propio Kant, habrían actuado más como un *rehén* de Eichmann que como un *cómplice* del reo nazi.

3.4. Sentado cuanto llevamos dicho, ¿qué o quién era Adolf Eichmann, además de un *lector de Kant y fiel cumplidor de la ley*?

Como señala la propia Hannah Arendt, «Eichmann no era un Yago ni era un Macbeth», como tampoco entre sus intenciones estaba la de «resultar un villano», al decir de Ricardo III. Así, en un célebre pasaje de la pensadora alemana se puede leer:

Eichmann carecía de motivos, salvo aquellos demostrados por su extraordinaria diligencia en orden a su personal progreso. Y, en sí misma, tal diligencia no era criminal; Eichmann hubiera sido absolutamente incapaz de asesinar a su superior para heredar su cargo. Para expresarlo en palabras llanas, podemos decir que Eichmann, sencillamente, *no supo jamás lo que se hacía. Y fue precisamente esta falta de imaginación*[30] lo que le permitió, en el curso de varios meses, estar frente al judío alemán encargado de efectuar el interrogatorio policial en Jerusalén, y hablarle con el corazón en la mano [...] Teóricamente,

---

30   Recuérdese lo que ya se expusiera *supra* sobre la «empatía imaginaria» desarrollada en la obra de Lynn Hunt y que nos servía, también, para conectar literatura con derecho.

Eichmann sabía muy bien cuáles eran los problemas de fondo con que se enfrentaba, y en sus declaraciones postreras ante el tribunal habló de «la nueva escala de valores prescrita por el gobierno [nazi]». No, *Eichmann no era estúpido. Únicamente la pura y simple irreflexión —que en modo alguno podemos equiparar a la estupidez— fue lo que le predispuso a convertirse en el mayor criminal de su tiempo.* Y si bien esto merece ser clasificado como «banalidad», e incluso puede parecer cómico, y ni siquiera con la mejor voluntad cabe atribuir a Eichmann diabólica profundidad, también es cierto que tampoco podemos decir que sea algo normal o común. No es en modo alguno común que un hombre, en el instante de enfrentarse con la muerte, y, además, en el patíbulo, tan sólo sea capaz de pensar en las frases oídas en los entierros y funerales a los que en el curso de su vida asistió, y que estas «palabras aladas» pudieran velar totalmente la perspectiva de su propia muerte. En realidad, una de las lecciones que nos dio el proceso de Jerusalén fue que *tal alejamiento de la realidad y tal irreflexión pueden causar más daño que todos los malos instintos inherentes, quizá, a la naturaleza humana.* Pero fue únicamente una lección, no una explicación del fenómeno, ni una teoría sobre el mismo. Aparentemente más complicada, pero en realidad mucho más simple que el examen de *la interdependencia entre la irreflexión y la maldad, es la cuestión referente al tipo de delito cometido por Eichmann, un delito unánimemente considerado sin precedentes.* El concepto de genocidio, acuñado con el explícito propósito de tipificar un delito anteriormente desconocido, aun cuando es aplicable al caso de Eichmann, no es suficiente para abarcarlo en su totalidad, debido a la simple razón de que el asesinato masivo de pueblos enteros no carece de precedentes. *La expresión «matanzas administrativas» parece más conveniente.* (Arendt, 2003: 171).

[Nuestra es la cursiva]

Este conocido fragmento resulta revelador. Resume un tipo de maldad tan *prosaica* como *aburrida.* Administrativa. Carente de la *poesía* que encierran las grandes obras literarias. Presenta a un tipo de persona vacua, con un discurso plagado de «palabras hueras», alguien que cuanto más se le escuchaba más evidenciaba su incapacidad para hablar y pensar, singularmente —y de nuevo aquí la capacidad de la «empatía imaginaria»— «para pensar desde el punto de vista de otra persona» (Arendt, 2003: 34).

Justamente, en las primeras páginas del texto de Camus referido unas páginas antes, *La caída,* el protagonista, con un punto de cinismo, manifiesta:

> Yo vivo en la judería, o en lo que así se llamaba hasta que nuestros hermanos hitlerianos despejaron el lugar. ¡Qué limpieza! Setenta y cinco mil judíos deportados o asesinados, es la limpieza por el sistema del vacío. ¡Admiro esa aplicación, esa metódica paciencia! Cuando no se tiene carácter hay que seguir un método. Aquí hizo maravillas, sin discusión, y yo vivo en el emplazamiento mismo de uno de los más grandes crímenes de la Historia. (Camus, 2021: 15).

Método, sistematicidad o cálculo como complemento o sustitutivo del carácter. ¿Acaso la etimología de la «ética» griega, de la «moral» romana, no tiene que ver con nuestro carácter, nuestros hábitos dirigidos hacia la *buena vida buena?* ¿Acaso, pues, un protocolo, una metodología —dictada *desde arriba,* por una voluntad interesada y ajena—, aunque nos sirva para conducirnos, no termina por deshumanizarnos al derogar nuestra obligación de labrar y configurar nuestro propio carácter?

Precisamente, la incapacidad de Eichmann para *dividirse* y pensar *en lugar del otro,* para conformar un hábito moral, para someter su actuación *a juicio,* es la que quedaría, de alguna manera, *subsanada* en Jerusalén. Allí, ante el tribunal, desfilarían relatos diferentes de acusación y defensa y no sólo la unívoca versión de quien carece de la facultar de reflexión. En el estrado, el *probo funcionario* nazi asistió a una representación en la que, al menos dos versiones, explicaciones y relatos sobre su actuación se pusieron frente a frente, obligándole, si se quiere *desde fuera,* a *enjuiciar-se.* A calzarse, por vez primera, los zapatos de las víctimas, defendidas por la acusación.

En este punto, y siguiendo el análisis llevado a cabo por el profesor de la Universidad de Valencia Julián Marrades, no es que para Arendt Eichmann fuera un «idiota moral» o alguien carente de la necesaria sensibilidad para distinguir entre la bondad y la maldad, sino que, para la pensadora alemana —quien partió en sus reflexiones del análisis del gusto desarrollado por

Kant en la *Crítica de la facultad de juzgar*—, el juicio moral tiene pretensiones de imparcialidad y generalidad, mas «no logra este objetivo por el procedimiento de subsumir lo particular bajo lo universal, pues de una norma moral no cabe deducir cómo hay que aplicarla en el caso concreto».

Así las cosas, el juicio moral debería conducirse, más bien, siguiendo la trazada pauta por Kant al desarrollar el «juicio estético», subrayando Arendt lo que guarda relación con la «mentalidad amplia», que implica la obligación de «considerar un asunto desde diversos puntos de vista, teniendo en cuenta los criterios de los que están ausentes», lo cual, por otro lado, no significa «adoptar ciegamente los puntos de vista reales de los que sustentan otros criterios y, por tanto, miran hacia el mundo desde una perspectiva diferente; no se trata de empatía» puesto que no se trata de intentar «ser o sentir como alguna otra persona», sino —y aquí radica el punto más relevante— «de ser y pensar dentro de mi propia identidad tal como en realidad no soy». Partiendo de esta premisa, Arendt rechazaría «la idea de que las costumbres y normas socialmente aceptadas pudieran constituirse en fundamento del comportamiento moral» para, concluir, que el comportamiento ético debe sustentarse en el juicio «considerado como un acto del pensamiento independiente, como una toma de posición libre y responsable del individuo que ha reflexionado sobre el problema desde un modo de pensar amplio que aspira a ser representativo e imparcial».

3.5. Tratando de avanzar por el camino seguido por el propio discurrir del proceso —que, como se deja intuir es, precisamente, un método para *encauzar*, es decir, restablecer el cauce, de aquello que se ha desbordado— y más allá del análisis de qué pueda ser *el mal*[31], hemos desembocado, de la mano del soldado alemán, en una de sus más célebres y terribles apariciones: la ba-

---

31   Y, en este sentido, resulta especialmente ilustrativo cómo la profesora Ana Carrasco-Conde. encara y no rehúye enfrentarse al problema del mal, concluyendo que el mismo, el mal moral o daño innecesario, podría comprenderse

nalidad, la cual se podría situar, en un primer, superficial y algo apresurado acercamiento (todo ello sin perjuicio de cuanto más adelante se tratará de desarrollar), al extremo opuesto de la reflexión kantiana sobre el «mal radical», entendido este, según se desprende de *La religión dentro de los límites de la mera razón*, como una tendencia o *propensión* de la voluntad humana para desoír los imperativos morales de la razón y que se relaciona con la *disposición* original al bien en la naturaleza humana.

Se trataría de una *propensión* que puede pensarse en tres grados diferentes:

> Primeramente, es la debilidad del corazón humano en el seguimiento de máximas adoptadas, en general, o sea, la fragilidad de la naturaleza humana; en segundo lugar, la propensión a mezclar motivos impulsores inmorales con los morales (aun cuando ello aconteciera con buena mira y bajo máximas del bien), esto es: la impureza; en tercer lugar, la propensión a la adopción de máximas malas, esto es: la malignidad de la naturaleza humana o del corazón humano. (Kant, 1981: 38).

Se resume, pues, en la tendencia a anteponer *otras máximas de acción* a la ley moral, lo que, para Kant, supone algo inextirpable al ser humano, ya que se trata de una *corrupción de raíz*, de ahí la utilización del sugerente término «mal radical», que, más allá de querer designar «un tipo especial de mal o de máxima maligna», lo que trataría es de poner de relieve una tendencia natural del ser humano al mal. Una propensión que, por lo demás, hundiría sus raíces en nuestra misma y arraigada naturaleza, de ahí que no sea dable explicar su origen atendiendo a simples inclinaciones del carácter, sino que haya que buscar su fundamento en una voluntad corrupta que pervierte a los seres humanos y que los hace anteponer, a la hora de actuar, unos motivos espurios al debido seguimiento de la ley moral. Es, en resumen, una inversión de los motivos: se desoye el mandato de la Razón, fuente de los impe-

---

como una *dinámica* relacional fruto de la inevitable situación, *con el otro* que supone la existencia.

rativos morales, para anteponer otros motivos —aquello que *nos nueve* a hacer algo— que no tienen fundamento ético.

No obstante, conviene igualmente recordar que para Kant, sería imposible la existencia de personas *diabólicas,* entendidas como poseedoras de una «Razón maliciosa o una voluntad absolutamente mala cuyo único motivo impulsor para la acción fuese el enfrentamiento u oposición a la ley moral misma; esto es, que actuasen movidos única y exclusivamente por la intención de hacer el mal en el sentido de transgredir sistemáticamente las leyes morales».

Y es que, como defiende el pensador prusiano, y esto entroncaría con la relación Eichmann/Kant/Onfray, estaríamos capacitados, de serie, parar esforzarnos por tratar de prevalecer sobre esta inclinación radical al mal, y ello gracias a nuestra *libertad* como agentes morales y a la presencia del bien que, igualmente, se encuentra en nuestra condición.

De este modo se contribuiría a consolidar el objetivo kantiano resumido en «la búsqueda y establecimiento del principio supremo de la moralidad», en la articulación de principios morales a priori (y, por tanto, abstractos), o en el esfuerzo por mostrar las bases de una ética universal y necesaria, situada *más allá* de la tierra y, al tiempo, *más acá* del cielo. A tal efecto, como ha señalado el profesor Aramayo, «Kant no quiso apelar a ninguna instancia de orden superior, ni tampoco sustentar las normas morales en los rasgos específicos de la naturaleza humana, sino que quiso acuñar un principio ético absolutamente firme "a pesar de no pender del cielo ni apoyarse sobre la tierra"».

Demos la palabra al propio filósofo:

> Sin embargo, una metafísica de las costumbres así, enteramente aislada y que no esté entremezclada con elemento alguno de la antropología, teología, física o hiperfísica, ni mucho menos con cualidades ocultas (que se podrían llamar «hipofísicas»), no supone tan sólo un sustrato de cualquier conocimiento teórico y certeramente preciso acerca de los deberes, sino que al mismo tiempo constituye un desi-

derátum importantísimo para la efectiva ejecución de sus preceptos. (Kant, 2012: 108).

Esto es, la ética deja de *depender*, de cimentarse en los pilares, de la religión puesto que, como se viene insistiendo, partiría del principio fundamental de la moral: la autonomía del individuo. Y más allá nada es *necesario*. Todo *se abre*[32]. También el derecho.

3.6. Como es de sobra conocido, fue Hannah Arendt la que hizo célebre el término «banalidad del mal» tras cubrir para el *The New Yorker* el referido juicio de Eichmann en Jerusalén. Esta expresión —sólo *aparentemente superficial* para describir el horror nazi— significó el inicio de una constante polémica entre la pensadora de Hannover y otros filósofos y personalidades. Este fue el caso Gersholm Scholem, para quien Arendt se desdecía ahora, tras el proceso de 1961, de sus propios planteamientos recogidos en *Los orígenes del totalitarismo*.

La respuesta, epistolar, de Arendt no se hizo esperar:

Ahora estoy convencida de que el mal nunca puede ser «radical», sino únicamente extremo, y que no posee profundidad ni tampoco ninguna dimensión demoníaca. Puede extenderse sobre el mundo entero y echarlo a perder precisamente porque es un hongo que invade las superficies. Y «desafía el pensamiento», tal como dije, porque el pensamiento intenta alcanzar cierta profundidad, ir a la raíz, pero cuando trata con la cuestión del mal esa intención se ve frustrada, porque no hay nada. Esa es su «banalidad». Solamente el bien tiene profundidad y puede ser radical[33].

---

32   Resulta muy interesante que, dando una nueva vuelta de tuerca a los planteamientos sembrados por Kant —que abrían la puerta a una ética secularizada—, pensadores posteriores como el ya citado Richard Rorty defenderían que la única fuente de los ideales morales sería, *la imaginación*, justamente la misma que, como se ha visto de la mano de Lynn Hunt, también sería la madre de los derechos humanos (Rorty, 2009: 15).

33   Este fragmento de la comunicación cursada entre Arendt y Scholem la encontramos en el artículo «¿Cambió Hannah Arendt de opinión? Del mal radical a

La crítica de Scholem partía del previo análisis que Arendt había llevado a cabo respecto de ese «mal absoluto o radical», que se caracterizaba por tres rasgos fundamentales: ser incomprensible, imperdonable y resultar *incastigable*.

Es *incomprensible* porque no puede ser deducido o explicado a la luz de las motivaciones malvadas clásicas, pasiones perversas o causas pecaminosas humanamente inteligibles —y literariamente retratadas—, como el egoísmo, el poder, la cobardía o el interés propio. Ferdinand Von Schirach, quien ya se ha asomado a estas páginas, suele decir que, para resolver un caso criminal, hay que seguir el rastro del dinero o del semen.

Abundando en la voluntad de *comprender* el delito, es habitual que en los juicios norteamericanos —tan espectacularmente representados en las novelas, las películas o las series—, la fiscalía se afane con toda suerte de fuegos —y juegos— de artificio retórico en explicarle al jurado que la actuación del acusado responde a tres condiciones o requisitos: medios, oportunidad y *móvil*, es decir, una *motivación malvada* que estemos dispuestos a asumir y que encaja en nuestra concepción ordinaria del mundo. Sin embargo, como argumentó el penalista Antonio Rato en su alegato final en el juicio celebrado contra los pistoleros que dispararon a los abogados laboralistas de la calle Atocha 55, si se piensa que si no hay motivación —móvil— no hay dolo —es decir, la voluntad y el conocimiento de cometer un delito—, «se yerra gravemente, pues, lejos de desaparecer, se agrava y se acentúa, porque ya no es el dolo contra una persona concreta con nombres y apellidos, sino el dolo contra cualquiera».

Resulta igualmente *incastigable* —argumenta Scholem— porque, además de manifestarse en crímenes que «no están contemplados en los Diez Mandamientos», las prohibiciones morales tradicionales no resultarían adecuadas para condenarlos y van más allá de lo previsto y legislado por cualquier categoría jurídica.

---

la banalidad del mal» del tristemente desaparecido recientemente Richard J. Bernstein, autor al que seguiremos en este apartado de nuestro trabajo.

Es, por último, *imperdonable* porque trasciende la esfera de los asuntos humanos y «ningún ser humano es capaz de perdonar aquello que no puede castigar[34]».

En resumen, se trata de un mal que, «hablando estrictamente, no es castigable ni perdonable, porque el castigo y el perdón presuponen aquello que el mal radical intenta erradicar, es decir, la acción humana».

En todo caso, el mal radical o profundo había encontrado en *Los orígenes del totalitarismo* su mejor descripción pues, a juicio de Arendt, en el *Lager* se da cita un plan orientado a destruir la personalidad jurídica, la conciencia moral y la individualidad personal de todos los miembros de la sociedad totalitaria: la persona sin derechos y, por tanto, sin el mínimo *derecho a tener derechos*, valga el trabalenguas.

Se trata, en palabras de la profesora Carrasco-Conde, de una de las posibles figuras del «reconocimiento perverso» que se genera «desde el mal como dinámica relacional», es decir: la «deshumanización de la víctima»[35], la cual se produce más allá de la mera concentración de prisioneros en campos —esta es una figura que no fue inventada por los nazis—, pues, tal y como señala Arendt, la novedad se produce cuando el control de los campos pasó de las SA a las SS:

> En los primeros campos de concentración y en las celdas de la Gestapo [se dio] una tortura irracional y de tipo sádico. Utilizada en su mayor parte por los hombres de las SA, no perseguía objetivos ni era

---

34   Como ha señalado Amelia Valcárcel, (2010: 36-46), en determinados supuestos perdonar «está cerca de la vileza» y «no está contemplado: no es bueno».

En un proceso actúa la justicia que «por brutal que sea, tiene término». En este sentido, la justicia «perdona una vez que castiga» pues una vez cumplido el castigo, y contrariamente a la desmesura de la venganza, ya «no demandará más», como tampoco exigirá el arrepentimiento del criminal quien al cumplir la pena «no debe nada».

35   Resulta interesante acudir al análisis que hace Onfray del pensamiento kantiano, que niega la condición de *persona* a los menores o incluso a los duelistas toda vez que son figuras *que no existen para el derecho* y, por ende, *tampoco para la realidad* (Onfray: 2021, 28-29).

sistemática, sino que dependía de la iniciativa de elementos considerablemente anormales [...] Tras la ciega bestialidad de las SA existía a menudo un odio y un resentimiento profundos contra los que social, intelectual o físicamente eran mejores que ellos, quienes ahora, como si se hubiesen hecho realidad sus sueños más salvajes, se encontraban en el poder. Ese resentimiento, que nunca se extinguió enteramente en los campos, *nos sorprende como el último vestigio de un sentimiento humanamente comprensible.*

El verdadero horror comenzó, sin embargo, cuando los hombres de las SS se encargaron de la administración de los campos. *La antigua bestialidad espontánea dio paso a una destrucción absolutamente fría y sistemática de los cuerpos humanos, calculada para destruir la dignidad humana.* La muerte se evitaba o se posponía indefinidamente. Los campos ya no eran parques de recreo para bestias con forma humana, es decir, para hombres que realmente correspondían a instituciones mentales y a prisiones; se tornó cierto lo opuesto: se convirtieron en «terrenos de entrenamiento» en los que hombres perfectamente normales eran preparados para llegar a ser miembros de pleno derecho de las SS. (Arendt, 2013: 674).

[La cursiva es nuestra]

Es esta actuación, fría y sin aparente motivación, desconcertante y que se enmarca dentro del «programa totalitario», lo que para Hannah Arendt representaba *una forma de* «mal radical»: un daño innecesario generado sin ninguna motivación ni más allá de las simples técnicas de gestión o como efectos colaterales exigidos por el funcionamiento del sistema. Algo que, sin tanto horror, ya había adelantado en sus desasosegantes relatos el propio Kafka con su universo de individuos *sin alma* que se tornan engranajes o *fragmentos* escindidos y solitarios: dinámicas perversas que impiden el reconocimiento del otro y, por tanto, la generación de relaciones virtuosas.[36] El ser humano negado, convertido en algo superfluo, pues, como reconoce la propia Arendt:

---

36   Como ha señalado Ana Carrasco-Conde, «ningún animal no humano construye un reducto, campo o prisión para encerrar, apresar, torturar y obtener placer por el mero hecho de causar sufrimiento a otro», y ello porque una de las grandes capacidades humanas, la imaginación —la misma que es capaz, como decía Lynn Hunt, de germinar los derechos humanos— la que «propicia la capa-

El totalitarismo busca, *no la dominación despótica sobre los hombres, sino un sistema en que los hombres sean superfluos.* El poder total sólo puede ser logrado y salvaguardado en un mundo de reflejos condicionados, de marionetas sin el más ligero rasgo de espontaneidad. Precisamente porque los recursos del hombre son tan grandes, sólo puede ser completamente dominado cuando se convierte en espécimen de la especie animal hombre (Arendt, 2013: 677)

[Nuestra es la cursiva]

Para alcanzar tal fin el régimen nazi sustituyó un régimen legal por otro —algo así como *de la ley a la ley*, expresión que se encargaría de desmontar Fraenkel en *El estado dual* antes citado—, lo que no resultó difícil de asimilar por la mayoría social, acostumbrada a dejarse llevar por la costumbre, sin cuestionarla. Se trataba, simplemente, de seguir observando los mandatos de la autoridad de la misma manera irreflexiva —sin someterla a juicio— que hasta entonces. No hablamos de *monstruos* por *aceptar* la muerte de judíos, más bien se podría hablar de una «dejación culpable de su capacidad de juzgar» (Marrades, 2002: 90). La puesta en suspenso de la capacidad humana de *representar* un juicio en el que una y otra parte ofrecen su versión de los hechos, sus causas, sus azares, sus motivos.

Una alternativa a esa *dejación de funciones* sería la disidencia, decir «no», que es la respuesta —o la sentencia— que dimana del juicio, del debate, del diálogo que entabla uno consigo mismo ante un determinado dilema:

El criterio de los no participantes fue, pienso yo, otro: se preguntaron *hasta qué punto podrían seguir viviendo en paz consigo mismos.* En consecuencia, escogieron también morir cuando fueron obligados a participar. Por decirlo crudamente, se negaron a asesinar, no tanto porque mantuvieran todavía una firme adhesión al mandamiento «No matarás», *sino porque no estaban dispuestos a convivir con un asesino: ellos mismos.* La condición previa para este tipo de juicio no es una inteligencia altamente desarrollada o una gran sutileza en materia moral, sino más bien *la disposición a convivir explícitamen-*

cidad de idear los modos de generar mayor sufrimiento y de deleitarse pensándolos» (Carrasco-Conde, 2021: 96-97).

te con uno mismo, tener contacto con uno mismo, esto es, entablar ese diálogo silencioso entre yo y yo mismo que, desde Sócrates y Platón, solemos llamar pensamiento. Esta manera de pensar, aunque se halla en la raíz de todo pensamiento filosófico, no es técnica y no tiene nada que ver con problemas teóricos. La línea divisoria entre los que quieren pensar y, por tanto, han de juzgar por sí mismos, y quienes no quieren hacerlo atraviesa todas las diferencias sociales, culturales y educacionales. A este respecto, el completo derrumbe moral de la sociedad respetable durante el régimen de Hitler puede enseñarnos que, en semejantes circunstancias, quienes aprecian los valores y se aferran a las normas y pautas morales no son de fiar: ahora sabemos que las normas y las pautas morales pueden cambiar de la noche a la mañana y que todo lo que queda es el hábito de aferrarse a algo. *Mucho más dignos de confianza serán los dubitativos y escépticos, no porque el escepticismo sea bueno o la duda saludable, sino porque esas personas están acostumbradas a examinar las cosas y construirse sus propias ideas. Los mejores de todos serán aquellos que sólo tengan por cierta una cosa: que, pase lo que pase, mientras vivamos habremos de vivir con nosotros mismos.* (Arendt, 2007: 71).

[La cursiva es nuestra]

3.7. Hemos hablado de mal radical o absoluto y lo hemos resumido en aquella *dinámica relacional,* sistemática, mecánica, burocrática, fría, descarnada, por la que se niega al otro ser humano —aquí, por el hecho de ser judío— su propia condición humana, se le despoja de derechos y se le considera como una pieza superflua. Esto, es un proceder *objetivo,* que se centra en el resultado.

Como ya se dijera antes, una de las bondades del proceso, del juicio, es que *otorga derechos* incluso a quien no los tuvo y, por supuesto, a quien se los negó a los demás, como el caso de las autoridades nazis. Pero, además, como subraya el profesor Domingo Moratalla al abordar este particular de la obra de Arendt, tras el caso Eichmann «estamos urgidos a tareas diferentes», especialmente a aquellas que califica como dotadas de «imaginación poética» —de nuevo la poesía, la imaginación, de la mano de la justicia—: y es que «los hechos deben ser preservados, no para olvidarlos, sino para poder *juzgar*». En conclusión, «que el juicio siga siendo posible, que la narración siga iluminándonos» (Moratalla, 2016: 11 y ss).

Hemos tratado también, y para ello hemos acudido a la figura del teniente coronel Adolf Eichmann, la banalidad del mal, o ausencia de reflexión o juicio para discernir sobre sus «acciones monstruosas», al tiempo de vivir una existencia «normal» y «ordinaria» (Bernstein, 2009: 248). Esto es, un acercamiento *subjetivo*, desde el punto de vista del agente.

En suma, ambas aproximaciones al mal —radical/banal— podrían ser conciliables sin que mereciera Hannah Arendt el aluvión de críticas que hubo de soportar tras su cobertura del juicio de Jerusalén.

CAPÍTULO IV

POR LA DEFENSA: SOBRE LA CULPA Y LA RESPONSABILIDAD

> No es siempre la estética, sino la moral, la que debe decirnos lo que es la naturaleza del Derecho, y lejos de erradicar la lucha por el Derecho, la moral la proclama un deber.
>
> La lucha es el trabajo eterno del Derecho.
>
> (R. V. IHERING)

4.1. La defensa legitima el proceso. Cualquier absolución y toda condena resulta inapelable si el acusado ha contado con alguien que pueda relatar su versión. Si el acusado ha sido debidamente escuchado. Con todas las garantías.

En *La caída*, el extraño personaje que no cesa de hablar, reconoce cínicamente que disfruta asumiendo la defensa de aquellos que se reputaran «buenos asesinos». Es más, al preguntar(se) por qué crucificaron a Jesucristo, argumenta:

> Bien, había una buena porción de razones para hacerlo. Siempre hay razones para asesinar a un hombre. Por el contrario, es imposible

justificar que viva. Por eso el crimen siempre encuentra abogados, y la inocencia sólo los encuentra a veces (Camus, 2021: 97).

Ay, la inocencia. Qué difícil predicarla cuando cada caso, cada persona, arrastra un conjunto de circunstancias tan excepcionales y únicas que resultan difícilmente enjuiciables con justicia. En todo caso, hay que celebrar —continúa Camus en su peculiar novela—, que haya «proxenetas o ladrones» que luego del juicio resulten absueltos. De otro modo, ironiza el autor de origen argelino, «la gente honrada se creería todo el tiempo que es inocente».

4.2. En la obra *Responsabilidad y Juicio* podemos encontrar una importante interpretación *auténtica* —facilitada por la propia Hannah Arendt— respecto de sus consideraciones sobre Eichmann y la banalidad del mal, las cuales, por lo demás y en lo que ahora nos concita, nos conectan con el concepto de *culpa,* amén del de *responsabilidad*. Así las cosas, en el interesante capítulo «Responsabilidad personal bajo una dictadura», la pensadora alemana parte en su reflexión de la «incomodidad» que supone enfrentarse a las cuestiones morales, las cuales, podríamos seguir considerando, mantienen una relación de ida y vuelta, de mutua *contaminación*, con las cuestiones legales. En este sentido, como es sabido, para poder condenar a alguien por un delito se necesita acreditar y justificar *su culpa*. Con esta premisa, veamos qué decía la propia Arendt en relación con la estrategia de defensa del criminal nazi:

> Aparentemente más complicada, pero en realidad mucho más simple que el examen de la interdependencia entre la irreflexión y la maldad, es la cuestión referente al tipo de delito cometido por Eichmann, un delito unánimemente considerado sin precedentes. El concepto de genocidio, acuñado con el explícito propósito de tipificar un delito anteriormente desconocido, aun cuando es aplicable al caso de Eichmann, no es suficiente para abarcarlo en su totalidad, debido a la simple razón de que el asesinato masivo de pueblos enteros no carece de precedentes. La expresión «matanzas administrativas» parece más conveniente. Esta expresión nació a raíz del imperialismo británico;

los ingleses rechazaron este procedimiento como medio de mantener su dominio en la India. Esta expresión tiene la ventaja de deshacer el prejuicio según el cual actos tan monstruosos solamente pueden cometerse contra una nación extranjera o una raza distinta. Es notorio que Hitler comenzó sus matanzas colectivas concediendo la «muerte piadosa» a los «enfermos incurables», y que tenía la intención de continuar su programa de exterminio desembarazándose de los alemanes «genéticamente lesionados» (con enfermedades de los pulmones y el corazón). Pero prescindiendo de este hecho, resulta evidente que tal tipo de matanzas puede dirigirse contra cualquier grupo, es decir, el criterio selectivo depende únicamente de ciertos factores circunstanciales. Cabe concebir que en el sistema económico basado en la automación que puede darse en un futuro no muy distante, quizás aparezca la tentación de exterminar a aquellos cuyo cociente de inteligencia esté por debajo de cierto nivel. En Jerusalén este problema no fue adecuadamente estudiado, debido a que es muy difícil encuadrarlo en el ámbito de lo jurídico. *Allí escuchamos las afirmaciones de la defensa, en el sentido de que Eichmann tan solo era una «ruedecita» en la maquinaria de la Solución Final, así como las afirmaciones de la acusación, que creía haber hallado en Eichmann al verdadero motor de aquella máquina.* Por mi parte, a ninguna de las dos teorías di mayor importancia que la que les otorgaron los jueces, por cuanto *la teoría de la ruedecilla carece de trascendencia jurídica, y, en consecuencia, poco importa determinar la magnitud de la función atribuida a la rueda Eichmann.* El tribunal reconoció, como es lógico, en su sentencia que el delito juzgado únicamente podía ser cometido mediante el empleo de una gigantesca organización burocrática que se sirviera de recursos gubernamentales. Pero en tanto en cuanto las actividades en cuestión constituían un delito —lo cual, como es lógico, era la premisa indispensable a la celebración del juicio— *todas las ruedas de la máquina, por insignificantes que fueran, se transformaban, desde el punto de vista del tribunal, en autores, es decir, en seres humanos.* Si el acusado se ampara en el hecho de que no actuó como tal hombre, sino como un funcionario cuyas funciones hubieran podido ser llevadas a cabo por cualquier otra persona, ello equivale a la actitud del delincuente que, amparándose en las estadísticas de criminalidad —que señalan que en tal o cual lugar se cometen tantos o cuantos delitos al día—, declarase que él tan solo hizo lo que estaba ya estadísticamente previsto, y que tenía carácter meramente accidental el que fuese él quien lo hubiese hecho, y no cualquier otro, por cuanto, a fin de cuentas, alguien tenía que hacerlo. (Arendt, 2013: 171).

Esta «tesis del engranaje» la analiza Arendt en *Responsabilidad y juicio* subrayando que en el régimen del Tercer Reich sólo había un hombre que podía tomar decisiones y que, por tanto, «era plenamente responsable políticamente», de ahí que, ese hombre —obviamente se refiere al Führer— se describiera a sí mismo, con bastante coherencia por otro lado, como «el único hombre en toda Alemania que era insustituible» (Arendt, 2007: 59).

Partiendo de este hecho, cualquier otro individuo, «desde lo más alto a lo más bajo, que tuviera algo que ver con los asuntos públicos era, de hecho, una pieza de engranaje, tanto si era consciente de ello como si no», lo que nos hace preguntarnos acerca de la *irresponsabilidad* penal, como bien supo intuir la defensa de Eichmann. Sin embargo, el juicio de Jerusalén no juzgaba «ningún sistema, ni la Historia ni corriente histórica alguna, ningún ismo, el antisemitismo, por ejemplo, sino a una persona», y, además, «si resulta que el acusado es un funcionario, se encuentra en el banquillo precisamente porque incluso un funcionario es un ser humano y como tal se halla sometido a juicio».

Como agudamente refleja Arendt, en la mayoría de las organizaciones criminales las pequeñas piezas del engranaje cometen, de hecho, los grandes crímenes, desarrollando así su argumento:

Por eso la pregunta formulada por el tribunal al acusado es: «Usted, fulano de tal, individuo con nombre, fecha y lugar de nacimiento, identificable y, por tanto, no ignorable, ¿cometió el delito del que se le acusa? Y ¿por qué lo hizo?». Si el acusado responde: «No fui yo como persona quien lo hizo, yo no tenía ni la voluntad ni el poder de hacer nada por mi propia iniciativa; yo era una simple pieza del engranaje, completamente prescindible, cualquiera en mi lugar lo habría hecho; que yo me halle ante este tribunal es un accidente», semejante respuesta será rechazada como inconsistente. Si al acusado se le permitiera declararse culpable o no culpable como representante de un sistema, se convertiría, de hecho, en un chivo expiatorio. (Eichmann mismo quiso convertirse en un chivo expiatorio: propuso colgarse él mismo públicamente y cargar con todos los «pecados». El tribunal le denegó esa última ocasión de magnificar sus sentimientos.) *En todo sistema burocrático, el desvío de responsabilidades es algo rutinario* y, si uno desea definir la burocracia en términos de ciencia política, es decir, como una forma de gobierno -el gobierno de los cargos, en contraposición al gobierno de los hombres, sea uno, unos pocos o muchos-, resulta que, desgraciadamente, la burocracia es el gobierno de nadie y, precisamente por eso, quizá la forma menos humana y más cruel de gobierno. *Pero en el tribunal esas definiciones no cuentan para nada*. Pues ante la respuesta: «No lo hice yo, sino el sistema del que yo era una simple pieza», el tribunal lanza inmediatamente la siguiente pregunta: *«Y ¿por qué, si es usted tan amable, se convirtió en una pieza de engranaje o siguió siéndolo en esas circunstancias?»* [...] Pero ni siquiera esa transformación de una pieza de engranaje en un hombre significa que se estuviera juzgando algo así como el sistema de engranajes, el hecho de que los sistemas, y los sistemas totalitarios más completamente que otros, transformen a los hombres en piezas de engranaje. *Semejante interpretación no sería más que otra escapatoria de los estrictos límites del procedimiento judicial.* Sin embargo, aunque el procedimiento judicial o la cuestión de la responsabilidad personal bajo una dictadura no autorizan el desvío de responsabilidades del hombre al sistema, el sistema tampoco puede dejarse al margen de toda consideración. (Arendt, 2007: 59).

En *Modernidad y Holocausto* Zygmunt Bauman reflexiona acerca del horror nazi, un acontecimiento —puntualiza el autor— que, a pesar de su brutalidad, no habría sido ni tan singular ni tan puntual como pudiera parecer, sino que se trataría de un «fenómeno estrechamente relacionado con las características de la modernidad», de tal suerte que el Holocausto, que «se gestó y se puso en práctica en nuestra sociedad moderna y racional, en una fase avanzada de nuestra civilización y en un momento culminante de nuestra cultura», sería, para Bauman, «un problema de esa sociedad, de esa civilización y de esa cultura.»

Las dinámicas propias del capitalismo moderno, sumadas a los cambios tecnológicos, habrían potenciado, en todos los órdenes de la vida, la necesidad de optimizar, maximizar o racionalizar cualquier actuación o conducta, traduciendo a la simplista regla coste/beneficio —y desoyendo, por tanto, las advertencias

de Machado acerca de la necedad de confundir valor y precio—
todos nuestros actos. Nada escaparía ya de las garras de la todo-
poderosa *mano invisible* del mercado. La educación —la privada, pero también la pública—, el pan, la sanidad o las relaciones
sociales caerían sin escapatoria dentro de la perversa lógica mer-
cantil de la *excepción histórica* que, según consta el sociólogo
César Rendueles en su *Capitalismo Canalla*, resultaría ser el
mercado generalizado. Si hace algunos años identificábamos el
mercado como un concreto y específico lugar físico abierto sólo
durante un horario limitado y en el que se ofrecían y adquirían
alimentos (o en un sentido más amplio, bienes y servicios) sin
que ello nos abocara a realizar ningún enjuiciamiento ético, de
un tiempo a esta parte asistimos, como impotentes espectadores,
a la comercialización de toda la vida humana todo el tiempo. El
mercado —otrora una institución, un lugar, un tiempo, útil para
el intercambio— se habría tornado en inabarcable sinécdoque,
tomando el todo por la parte. Esa desnaturalización, que todo lo
cubre, conlleva el riesgo de terminar corrompiendo todo cuanto
toca. No es el mercado, es la mercantilización. No es la econo-
mía, es el economicismo. Es, ni más ni menos y como ha sabido
resumir el pensador norteamericano Michael Sandel, la sociedad
de mercado.

Pero volvamos a Bauman. La omnipresente mentalidad eco-
nomicista moderna terminaría conspirando con el frío racionalis-
mo burocrático para así, igualmente, asociarse con los eficientes
principios del fordismo fabril: tareas jerarquizadas y divididas,
trabajadores controlados, personas fragmentadas.

Un mecanismo bien engrasado.

Un eficiente engranaje humano.

Sumariamente: para el pensador polaco, creador del concepto
«vida líquida», el Holocausto habría sido una adaptación de esas
mismas dinámicas y lógicas de la producción capitalista, con la
única diferencia de que el objetivo final no habría sido, obviamente, producir una mercancía, sino el eficiente y sistemático

asesinato de personas de la forma más rápida y eficaz posible. Y es que si, como supo poner de relieve Bauman, toda división del trabajo «crea una distancia entre la mayor parte de los que contribuyen al resultado final de la actividad colectiva y el propio resultado», esa misma distancia desconectaría emocional y éticamente al autor del resultado de sus actos, sus decisiones o sus omisiones.

4.3. La culpa excede, desborda, al proceso. Se trata de un concepto que trasciende lo jurídico, aunque, como se viera en la parte primera de este trabajo, Agamben piense que se trata de un término *contaminado,* pues alberga elementos tanto legales como de naturaleza moral. Esta *confusión* entre lo moral y lo legal permite que, en ocasiones, se pueda tratar de *diseccionar* determinadas conductas de tal modo que puedan darse hechos *culpables* desde el punto de vista moral, que sin embargo no cuenten con sanción penal —porque, social y políticamente, el estado haya legislado *despenalizando* conductas que deben quedar, por tanto, en el ámbito de la moralidad—y, al tiempo, hechos punibles por el Código Penal que, sin embargo, no sean moralmente reprochables. De igual modo, no es extraño encontrar quien se *sienta culpable* por hechos que no son susceptibles de condena —penal—, o, también, quien haya perpetrado terribles actos y que, sin embargo, *el tribunal de su conciencia*, le dicte —a sí mismo— sentencia absolutoria.

Siguiendo con esta *des/conexión* posible entre hechos personas y culpa, y como ha puesto de relieve Sánchez Meca, el tribunal que preside la obra *El proceso* de Kafka nunca absuelve, pues se trata de un juzgado «que sanciona la culpa mítica», la misma culpa antigua que el autor checo esboza en su desconcertante relato *Carta al padre,* y que no sería otra que la culpa del «impotente ante el poderoso» (Sánchez Meca, 2016: 202).

En parecido sentido, el protagonista de otro desasosegante cuento de Kafka, *En la colonia penitenciaria*, tampoco tiene la oportunidad procesal de defenderse, pues, *absurdamente* desde nuestro punto de vista legal, «la culpa está siempre fuera de toda duda», sin perjuicio de los *hechos concretos*. En este sentido, el poder judicial en Kafka —subraya Sánchez Meca— se transfigura en una suerte de *certificación de la culpa*, de ahí que para los acusados resulte más apropiado o provechoso no tanto defenderse *en* el proceso como tratar de defenderse *del* proceso mismo, tratando de huir de su absurda y laberíntica maquinaria. No obstante, estos reos que se resisten al proceso —estos *disidentes*— son mal vistos, puesto que la fuerza y la *dinámica* desarrollada por la maquinaria del estado burocrático y totalizador, tan bien esbozada por Kafka en sus escritos, desembocaría en la perversa y extendida convicción de que «las arbitrariedades de unos pocos indisciplinados que no se someten a las normas de todos, pueden poner en peligro el orden que hace posible el bienestar y la convivencia en paz», de tal modo que el individuo que, reflexiona —y, por tanto, ejerce también como *dividuo*— y osa apartarse del redil de la uniformidad impuesta por el *orden y el automatismo*, «se convierte enseguida, a los ojos de todos, en una especie de criminal» (Sánchez Meca, 2016: 189). Un criminal cuyo *crimen* es tratar de *salirse* de la norma, la cual se defiende a sí misma con un arma más poderosa que el derecho: *el sentimiento de culpa*.

Como ha sabido poner de manifiesto el profesor Alejandro Escudero, la película *Recuerda* (Alfred Hitchcock, 1945) puede servirnos —entre otras cosas y además de para disfrutar de los escenarios oníricos diseñados por Dalí—para abordar la ya citada *identidad narrativa* de Paul Ricoeur. En el filme, el protagonista, interpretado por un joven y apuesto Gregory Peck, *se cree* un asesino, asumiendo *su* —ficticia— *culpa* como algo que determina su propia identidad, la cual, por lo demás, y debido a un episodio anterior de su vida, no recuerda. Es decir, se *siente culpable* por unos supuestos hechos que desconoce.

La versión especular de *Recuerda* la podemos situar en la obra de Friedrich Dürrenmatt *La avería* (Periférica, 2020), una breve pieza en la que Alfedro Traps, un gris viajante de comercio, se ve obligado tras un percance con su automóvil a pasar la noche en una casa de campo en la que tres ancianos —un juez, un fiscal y un verdugo, todos ellos ya jubilados— invitan al viajero a una pantagruélica cena en la que, por puro placer y nostalgia de sus profesiones, representarán un teatral y tragicómico juicio donde el Sr. Traps acepta asumir el papel de acusado.

En un momento del macabro y algo lisérgico juicio, el ebrio abogado de la defensa aconseja a su *cliente* que, inocente o no, lo importante aquí es la estrategia pues resulta «arriesgado, por decirlo de una manera suave, aspirar a la inocencia ante nuestro tribunal. Hay que hacer todo lo contrario. Lo más inteligente es autoinculparse enseguida de un delito». La razón de ser de esta extravagante *línea de defensa* estriba, como se aprecia algo más adelante en el texto, en que para el supuesto de no reconocerse culpable por algún delito —sea este el que sea, se haya cometido o no—, será el tribunal quien le impute uno, presumiblemente más grave, al acusado.

Así, el estrambótico abogado, continúa desbrozando su peculiar argumento:

> La senda de la culpabilidad a la inocencia es ciertamente complicada pero no imposible. En cambio, no tiene ninguna posibilidad de éxito perseverar en la inocencia de uno porque los resultados suelen ser devastadores. Perderá usted allí donde sin duda podría ganar y además se verá obligado a no poder elegir el delito, sino que se lo impondrán.

Es más, durante la velada, nuestro comerciante pasará de *reputarse inocente* a considerarse *sinceramente convencido* autor de un nefando crimen tan perfecto como imposible puesto que unos mismos hechos, irrelevantes e inocuos, se tornarán, a la luz de la delirante acusación narrada por el fiscal, en un inicuo delito perfectamente planeado y precisamente ejecutado. Una vez más, y como apelara desde el abogado de los hermanos Coen hasta el propio Eichmann, topamos con la importancia del *sentido* de los términos del relato esgrimido por la acusación para anudar o separar una determinada conducta —unos hechos— con la culpa del agente.

Otro ejemplo de *confesión* de una culpa inexistente —o incluso de un delito imposible— lo encontramos en *Las brujas de Salem*, pieza teatral en la que Arthur Miller construye, apoyándose en un dramático episodio de la historia de Estados Unidos, una alegoría de la *caza de brujas* que él mismo padeció en los años 50 del pasado siglo de la mano del senador republicano Joseph McCarthy, quien, en su desaforada persecución contra el comunismo, bien podría haber afirmado aquello de que «los hombres limpios de corazón no necesitan abogado». En Salem, como en la sombría época macartista, se trató de imponer una implacable e incuestionable *verdad oficial* frente a la que, parafraseando a Vattimo, resultaría irracional resistirse o combatir —mucho en la mera farsa en que se convirtieron las vengativas o cobardes delaciones y posteriores enjuiciamientos, meros remedos tragicómicos de un verdadero proceso—, de tal modo que, como se recordará, cualquier disidencia contumaz conducía a la horca.

Los ejemplos cinematográficos y literarios vistos, en los que la culpa *va y viene* sin verdadera relación necesaria con los hechos, nos ponen de nuevo sobre la pista de los planteamientos antes esbozados de Giorgio Agamben para quien tanto la culpa como su habitual compañera de viaje, la responsabilidad, se encuentran *contaminados* de consideraciones legales.

Así las cosas, la responsabilidad —término que, de acuerdo con su etimología latina (proviene de *spondeo*) se entiende como «salir garante de alguno (o de sí mismo) en relación a algo y frente a alguien»— se situaría inicialmente en el ámbito «genuinamente jurídico, no ético» —también, político, podríamos añadir—, sin que pueda calificarse como algo «noble o luminoso», y pudiéndose, además, establecerse supuestos de responsabilidad sin culpa.

Una culpa que, a su vez, se relacionaría con la «imputabilidad de un daño», con lo cual:

> responsabilidad y culpa se limitan a expresar dos aspectos de la imputabilidad jurídica y sólo en un segundo momento fueron interiorizadas y transferidas fuera del ámbito del derecho. Aquí tienen su raíz la insuficiencia y la opacidad de cualquier doctrina ética que pretenda

fundarse sobre estos dos conceptos. [...] Se trata de una insuficiencia y una opacidad que salen a la luz con claridad cada vez que se trata de trazar las fronteras que separan la ética del derecho. (Agamben, 2014: 21).

Agamben continúa su argumento apoyándose en las palabras de Robert Servatius, el abogado de Eichmann en el juicio de Jerusalén, para quien su defendido se sentiría «culpable ante Dios, no ante la Ley», lo que le llevó a considerar que su culpa —que era *religiosa*, pues lo ligaba a la divinidad, no a lo terrenal— no era jurídicamente perseguible ni, por tanto, condenable. Para el filósofo italiano habría aquí un artificioso ejercicio encaminado a poner de manifiesto una supuesta grandeza moral al asumir determinada culpa —por supuesto no legal, pues ello implicaría asumir una penal *terrenal*, en este caso, la pena de muerte—, pero, al mismo tiempo, cabría entender que el *sentido de los hechos* de la acusación no debía concluir con un reproche penal, pues la culpa criminal debía ser conceptuada, por lo demás, como de menor *calidad e importancia* que la —asumida por Eichmann— culpa moral, más elevada.

De nuevo, como se ha tratado de poner de manifiesto, nos hallamos ante la des/conexión entre hechos, conducta, intención, agente y *culpa*, aprovechando o tratando de aprovechar, en este perverso e interesado juego, la *contaminación* de la culpa para, con ello, saltar, a voluntad, del *confuso* —y *confundido*, en el sentido de mezclado— contenido legal al contenido moral del referido concepto.

Cierta relación con cuanto llevamos dicho —y que, como se ha insistido, tiene que ver con la *contaminación* ético/jurídica de los términos— guarda una institución propia de la «moral arcaica», nos referimos al «objetivismo moral», esto es, la relación directa entre el mal —que es un daño objetivo— y el agente, sin que sea necesario el concurso de la intención de éste. Así, las intenciones se consideran «sólo son palabras» o, conforme señala Amelia Valcárcel, «explicaciones a posteriori que no añaden nada al acto» cuando éste es punible (2014: 52).

En este contexto se situaría, entre otras míticas, la figura de Edipo, de quien señala la catedrática de ética que «no es menos culpable de su parricidio o de su incesto porque no los conociera» (Valcárcel, 2014: 33)[37]. De sus terribles actos derivaría en la cólera y el castigo divino a la comunidad, la cual, de algún modo, se tornaría así en *responsable* de los actos ajenos. El tránsito desde esta arcaica moral objetivista desemboca en la ética —también en la moderna dogmática penal, con las teorías finalistas, frente a las meramente causalistas— tal y como la conocemos hoy día y en donde debe concurrir un elemento volitivo y cognitivo, ya doloso (también eventual), ya imprudente, en resumen: la capacidad de juicio, de discernir entre el bien y el mal.

En suma, entre «los grandes problemas planteados en el proceso de Eichmann, tenía principal importancia el planteado por la premisa, común a todos los modernos ordenamientos jurídicos, de que para la comisión de un delito es imprescindible que concurra el ánimo de causar daño» Arendt, 2003: 165).

Además, en otro pasaje de *Responsabilidad y juicio* Arendt expresa:

> Es una suerte y algo muy razonable que no exista ninguna ley que castigue los pecados de omisión ni tribunales humanos que se sienten a juzgarlos. Pero es igualmente una suerte que exista todavía en la sociedad una institución en la que es prácticamente imposible eludir las responsabilidades personales, en la que todas las justificaciones de naturaleza vaga y abstracta —desde el Zeitgeist hasta el complejo de Edipo— se derrumban, en que *no se juzgan sistemas, tendencias ni pecados originales, sino hombres de carne y hueso como tú y yo, cuyos actos son, desde luego, actos humanos pero comparecen ante un tribunal* porque han infringido alguna ley cuyo mantenimiento consideramos esencial para la integridad de nuestra común humanidad. *Las cuestiones legales y las morales no son en absoluto las mismas, pero guardan cierta afinidad entre sí porque unas y otras presuponen la capacidad de juzgar.* Ningún periodista de tribunales, si sabe lo que está

---

37   Curiosamente Edipo cumple sus actos porque ignora quién es, si bien, es su búsqueda de la verdad el camino que, paradójicamente, le conduce hacía su trágica caída: el dolor como contrapartida o precio a pagar por el conocimiento que, más que hacerle libre, condena al protagonista (Balló y Pérez, 2015: 131).

haciendo, puede evitar verse implicado en esas cuestiones. ¿Cómo podemos distinguir el bien del mal al margen del conocimiento de la ley? Y ¿cómo podemos juzgar sin habernos visto en la misma situación? (Arendt, 2007: 52).

[La cursiva es nuestra]

4.4. Para la desaparecida filósofa Iris Marion Young, *Eichmann en Jerusalén* distinguiría «implícitamente» cuatro tipo de relaciones entre las personas y el crimen genocida contra el pueblo judío: (i) aquellos quienes, de manera individual (pues la culpa siempre tiene esta naturaleza singular) son culpables de los crímenes; (ii) quienes no son culpables pero sí *responsables* porque participaron socialmente y ofrecieron un «apoyo pasivo»[38]; (iii) los que trataron de evitar, distanciarse o retirarse del mal desde una posición privada y, por tanto, de carácter moral; y (iv) quienes se opusieron públicamente o bien se negaron a realizar ningún delito, lo que los sitúa en el espacio político de la resistencia (Young, 2011: 89 y ss.).

Como en aquel momento de *El proceso* en el que el ujier le dice a K. «son acusados, todos los que ve aquí son acusados», respondiendo, cómplice, el protagonista «Entonces son compañeros míos.»

Partiendo de estas premisas, no sólo la conclusión acerca de Eichmann es clara (resulta culpable de sus crímenes aun a pesar de no ser alguien cruel o perverso, sino meramente *irreflexivo*), también la de aquellos que no siendo culpables, *cargan con la responsabilidad*, la cual es de naturaleza política —pues, como subraya Arendt en no pocas ocasiones, si todos son *culpables*, nadie lo es, o, lo que es lo mismo, para que alguien sea culpable debe distinguirse, discernirse y juzgarse respecto de quienes no lo son— y tiene que ver, más allá de la mera condición de ser

---

38   Resulta muy interesante la descripción que Arendt hace acerca de la diferencia entre el «consentimiento» de la ciudadanía ante las formas de gobierno y la «obediencia» o «apoyo» a un concreto régimen, en este caso, autoritario (Arendt, 2007: 72 y 73).

alemanes o de ser meros partícipes en una sociedad, con el hecho de sustentar un sistema criminal incluso con su apoyo tácito y es que «su pasividad produce un vacío político» (Young, 2011: 99). En parecido sentido Hannah Arendt explica:

> Todo aquel que participe de algún modo en la vida pública, independientemente de si pertenece o no al partido o a las formaciones de élite del régimen, está comprometido de un modo u otro en las actuaciones del régimen como un todo. Lo que los tribunales exigen en todos estos juicios de la posguerra es que los acusados no hayan tomado parte en crímenes legalizados por aquel gobierno, y dicha no participación, tomada como norma de buena o mala conducta, plantea importantes problemas, precisamente, en relación con la cuestión de la responsabilidad. *Pues la pura verdad del asunto es que sólo quienes se retiraron por completo de la vida pública, que rechazaron cualquier clase de responsabilidad política, pudieron evitar implicarse en crímenes, es decir, pudieron eludir la responsabilidad legal y moral.* (Arendt, 2007: 62).

[Nuestra es la cursiva]

4.5. Esto último apunta —ya se anunció unas líneas más arriba— a la postura, sin duda difícil, del disidente, de quien decide, como una suerte de Bartleby ético, *decir no*.

Curiosamente, y aún a pesar de la condena —moral— a la que Onfray somete a Kant en el *juicio paralelo* con el que comenzábamos esta segunda parte, el añorado Javier Muguerza, justamente, echaría mano del filósofo prusiano para construir su teoría sobre «el imperativo de la disidencia».

En un célebre texto, el filósofo malagueño se posiciona y defiende la postura del profesor González Vicén, para quien, si bien no habría un fundamento ético para la obediencia al Derecho, sí lo habría, y con carácter absoluto, para su desobediencia (Muguerza, 2014).

No resulta difícil reconocer que el fundamento de este planteamiento radicaría en poner en primer término la conciencia ética individual, entendida como *fenómeno esencialmente perso-*

nal. Partiendo de esta premisa, la desobediencia individual al derecho por razones de conciencia se torna en *un imperativo moral y no una táctica política*, de tal modo que, sin rechazar de forma sistemática o necesaria la regla de la mayoría como procedimiento de decisión política, abriría la puerta al *enjuiciamiento* del producto de tales mayorías —o de cualquier institución de poder—, impidiendo que cualquier fuerza mayoritaria pueda imponerse a la conciencia de cada cual. No se trata, en resumen, de legitimar que individuo pueda imponer sus propios puntos de vista a una colectividad, pero sí le permitiría *discernir para desobedecer* cualquier acuerdo o mandato colectivo —muchos más aún, autoritario o dictatorial— que vaya en contra de sus principios. Ni más ni menos, puntualizaría Muguerza, que un desarrollo de la afirmación kantiana de que «el hombre existe como un fin en sí mismo y no tan sólo como un medio».

Lástima que Eichmann no hubiera leído —y dialogado— con este otro principio del filósofo de Königsberg y hubiera sido capaz de decir no[39].

---

39   Sin embargo, y a la luz de la lectura conjunta que realiza el profesor Tomás Domingo Moratalla (*opus cit*) de Ricoeur y de la propia Arendt, podríamos admitir que aún habría existido otra alternativa *menos heroica* que la disidencia, una actuación que haría aflorar de forma *fácil* y, sobre todo *banal,* el bien. Nos explicamos: si el mal puede surgir de personas no especialmente malvadas, ni inteligentes, de personas *normales* —cualquiera podríamos ser un Eichmann—, igualmente podrían darse actos buenos «ordinarios» que ni siquiera responden a una voluntad específica de llevarlos a cabo, que ni quiera tenían al bien como objeto de búsqueda de manera explícita. Si, como ha señalado Ana Carrasco-Conde, la explicación del mal como daño innecesario parte de una determinada dinámica, esta resultaría mudable, de cara a generar otras dinámicas en las que actuaciones ordinarias redunden en la aparición del bien, aunque sea de forma *banal*. Sin héroes ni heroínas.

A MODO DE ALEGATO FINAL Y CONCLUSIONES. ¿VISTO PARA SENTENCIA?

> Entender al criminal. No excusarlo, ni justificarlo, ni minimizar su crimen, mi mucho menos absolverlo, sólo entenderlo. Comprender arma a la sociedad para que el crimen no vuelva a producirse.
>
> (*Serial Plaideur,* J. VERGÈS)

En su *Autorretrato en el estudio,* el pensador romano Giorgio Agamben —quien ya ha comparecido y *testificado* en estas páginas— reflexiona acerca de que tal vez él mismo no debiera ser considerado como un filósofo, sino que su verdadero quehacer vital haya sido el de la poesía, confesión que no dejaría de ser sino una *lírica conclusión lógica* que partiría de la premisa planteada por Wittgenstein de que la filosofía «sólo debería poetizarse» o, como glosa el autor italiano: quien pretenda reflexionar profunda y críticamente sobre algún asunto no debe, a su vez, olvidar «plantearse el problema poético de su forma». Una tensión indisoluble e inevitable.

Fondo y forma.

Procedimiento y juicio.

Como si de un proceso judicial se tratara y al que asistiéramos, expectantes, como público —en un atrevido y un tanto naif juego metaliterario que parte del propio presupuesto de *Eichmann en Jerusalén*—, nos hemos esforzado en tratar de acumular un *haz de indicios* que sirvan de sustento para el dictado de la sentencia, un artefacto literario provisto de una narración que, a su vez, encierra un juicio susceptible de servir para, en palabras de la propia Arendt, poner fin, superar o salir de «una situación de impasse» propia de la afirmación de la libertad humana.

En este punto no está de más recordar que, como agudamente apunta Agamben en su minucioso análisis sobre el proceso de Jesús de Nazaret —desgranado, escena a escena, como si de una verdadera función teatral se tratara—, Pilato, el procurador de Judea, no llega a pronunciar en ningún momento una sentencia —absolutoria o de condena—, con lo que resultaría cuestionable que se hubiera celebrado un genuino juicio, algo, por otra parte, acaso imposible al *defenderse* Jesús con el anuncio de que su reino no pertenecía a este mundo y, por tanto, quedar extramuros del derecho de los hombres.

El sumario expediente de Cristo terminaría con la entrega —entendida como *traición* por Agamben en su singular hermenéutica, que bebe de la etimología del verbo latino *tradere*— de Jesús a los judíos por parte de Pilato, y ello sin que se respetara mínimamente la ceremonia procedimental de un verdadero proceso jurisdiccional, el cual, necesariamente ha de concluir con un *juicio*, un momento de *crisis* —término de origen griego (de *kríno*) equivalente a nuestro «juicio» y que inicialmente implicaba acciones como «separar» o «de-cidir»— que, deteniendo el curso de los acontecimientos, resulta ser el indiscutible objeto de toda liturgia procesal. Por todo ello, por sus irregularidades y la ausencia de una sentencia conclusiva, son infinitas las interpretaciones que se abren y nos dejan abrazados a la duda.

El juicio —judicial, literario, moral—, en tanto que momento narrativo, conecta con la función filosófica de la literatura o con la capacidad literaria de la filosofía, entendidas ambas, en una u otra forma, como *gramáticas* que nos ayudan a tratar de comprendernos en nuestra condición de *seres arrojados*, ya comenzados e, inciertamente, aún por hacer y rehacer.

Partiendo de lo anterior, hemos tratado, más singularmente, de aproximarnos a un juicio concreto, si bien, como se ha puesto de manifiesto ya, el término «juicio», en su polisemia, nos ha servido para poner en relación el proceso penal (en este caso, el de Adolf Eichmann en Jerusalén), con el proceso propio de *enjuiciamiento* personal que cada ser humano realiza —o debe realizar— como una de las actividades propias, junto al pensamiento y la voluntad, del espíritu, según, justamente, el planteamiento esbozado por Hannah Arendt en su inacabada obra póstuma *La vida del espíritu*.

Es en este aspecto en el que hemos tratado de aportar un diferente punto de vista, en tanto en cuanto la *carencia de juicio* por parte de Eichmann —un hombre no malvado pero sí *irreflexivo*—, entendida como la ausencia de un verdadero diálogo interior del teniente coronel encaminado a representarse *al otro*, se ve, posteriormente, *subsanado* por el juicio —en este caso, un proceso penal— en el que acusación y defensa articulan, *a posteriori*, los argumentos, motivos y justificaciones de los que careció *ex ante*, en el momento en el que, sin el menor enjuiciamiento moral, desarrolló su trabajo como *solucionador final*.

En un momento del metraje de la muy académica película *Hannah Arendt* (Margarethe Von Trotta, 2012), se le reprocha a la pensadora, magníficamente interpretada por la actriz alemana Barbara Sukowa, que *habría hecho* filosofía de un juicio y que al haber elaborado un hermoso texto literario en lugar de haberse limitado a narrar en un simple reportaje lo ocurrido en el proceso celebrado en Jerusalén, habría traspasado todos los límites atreviéndose a hacer filosofía del horror, del mal. Y es que, en línea con los planteamientos que Byung-Chul Han desarrolla en su obra *La crisis de la narración*, Arendt no se habría limitado a llevar a cabo una simple crónica de hechos ni a escribir otro reportaje que compendie cuantas más informaciones mejor; tampoco se habría demorado en un minucioso informe con detalles aritméticos acerca del número de víctimas, de la tipología de los trenes o de la confección de los expediente incoados o tramitados por Eichmann. En lugar de eso, la filósofa se habría afanado en construir y articular una narración —con sus huecos, sus omisiones, su tensión dramática— que, al tratar de otorgar *algún sentido* a la actuación del oficial nazi, se erige en el mejor método o, al menos, en el camino más transitable, para intentar explicar(nos) *de verdad* algo y así, de alguna manera, ayudarnos a que podamos comprender. A que podamos atrevernos a asomarnos al abismo y esforzarnos por entender el mal.

Si, como insinuábamos al comienzo de estas páginas, las fronteras entre literatura y filosofía, en ocasiones, son difusas —recuérdese que un pensador como Vattimo redactó sus memorias, *No ser Dios: una autobiografía a cuatro manos,* en comandita con un escritor—, tal vez tampoco estaría de más echar mano de la concepción de Deleuze acerca de qué sea la labor del pensamiento filosófico. Recordemos: la elaboración de conceptos. Y es que, si ha habido interesantes y detalladas crónicas judiciales —desde los míticos juicios de Núremberg (ahí está la sugerente obra de Rebecca West[40]), hasta el más castizo y próximo proceso a los políticos soberanistas catalanes—, lo que distingue la obra de Arendt es que la *alumna predilecta* de Heidegger compone un nuevo concepto, la banalidad del mal, que trasciende el ámbito literario de su libro y lo sitúa, ya se ha dicho, en la esfera del pensamiento filosófico.

Estas consideraciones, como en todo buen proceso, nos han de llevar a preguntarnos también por otro de los elementos propios de un juicio penal: la concurrencia, o no, de culpa y/o responsabilidad, tratando de discernir, como hiciera Arendt, entre ambas figuras: una, la primera, de naturaleza individual y legal

---

40   Nos referimos a *Un reguero de pólvora* (Reino de Redonda, 2014).

o moral; la segunda, susceptible de aplicación a colectivos y de ámbito y consecuencias políticas.

También, finalmente, nos hemos atrevido a imaginar y *especular* —palabra que comparte etimología con los espejos, a cuyos juegos nos hemos referido— con una alternativa *estrategia de defensa* —pues, como se dijo, la justicia poética no se ocupa de lo que ocurrió sino de lo que podría haber sucedido—, lo cual pasaría, por haber ejercido por parte de los culpables —paradójicamente guiados por los vericuetos de la ética kantiana— su legítimo *derecho moral* a decir no, a salirse del marco legal y automatizado del régimen nazi, para así, en resumen, cambiar las dinámicas intersubjetivas que propician el mal, absoluto y banal.

Es más, en la antes mencionada obra de Byung-Chul Han, el pensador surcoreano formado y afincado precisamente en Alemania, se dedica un capítulo a la narración como curación, una función social que, sin duda, también ofrece el proceso judicial en tanto en cuanto construye un relato *mágico* que, dando sentido a la mera y azarosa facticidad, nos salva de la *insoportable levedad* de lo contingente y sus incertidumbres. En el juicio nos cuentan una detallada historia que nos concilia con lo indeterminado y lo caótico, lo fronterizo, lo que estaba abierto, lo que no sabíamos cómo nombrar, tornándolo en un relato plausible y *necesario*, con un principio y un fin. Cerrado. *Perfecto*. Además, también se facilita una *cura* entendida como tranquilidad o paz social tras cualquier crimen o litigio: la sentencia, pues, entendida no sólo como castigo o retribución —*el que la hace la paga*—, sino como la conclusión de un proceso —de una narración— en el que se le ha dado voz y espacio *al otro* y en el que, al fin, hemos podido escucharlo.

Por todo, querido lector, querida lectora, resta que cada cual lleve a cabo su propia tarea de juicio.

Atraviese su propia *crisis* personal.

Acabado el proceso toca bajar el telón.

Córdoba-Málaga. Otoño de 2023

BIBLIOGRAFÍA MÍNIMA

AGAMBEN, G. (2013): *Pilato y Jesús*, Buenos Aires, Adriana Hidalgo editora.

AGAMBEN, G. (2014): *Lo que queda de Auschwitz. El archivo y el testigo. Homo sacer III*, Valencia, Pre-Textos.

AGAMBEN, G. (2019): *Autorretrato en el estudio*, Buenos Aires, Adriana Hidalgo editora.

ARANGUREN, J.L.L. (2001): *Ética,* Madrid, Alianza.

ARENDT, H. (2002): *La vida del espíritu,* Barcelona, Paidós.

ARENDT, H. (2003): *Eichmann en Jerusalén,* Barcelona, Lumen.

ARENDT, H. (2007): *Responsabilidad y juicio,* Barcelona, Paidós.

ARENDT, H. (2010): *Lo que quiero es comprender,* Madrid, Trotta.

ARENDT, H. (2013): *Los orígenes del totalitarismo*, Madrid, Alianza Editorial.

ARENDT, H. (2016): *Verdad y mentira en la política*, Barcelona, Página Indómita.

ARENDT, H. (2020): *La condición humana,* Barcelona, Austral.

BALLÓ, J. Y PÉREZ, X. «Los riesgos del saber» en SÓFOCLES, *Edipo Rey*, Barcelona, Penguin Clásicos, 2015, pp. 127-163.

BAUMAN, Z. (2015): *Modernidad y Holocausto,* Madrid, sequitur.

BERNSTEIN, R. «¿Cambió Hannah Arendt de opinión? Del mal radical a la banalidad del mal», en BIRULÉS, F. (Comp.), *Hannah Arendt: el orgullo de pensar*, Barcelona, Gedisa, 2009, pp. 235-257.

BOBBIO, N. (2018): *Iusnaturalismo y positivismo jurídico*, Madrid, Trotta.

CAMUS, A. (2021): *La caída*, Madrid, Debolsillo.

CALVO, J. (1998): «La verdad de la verdad judicial (construcción y régimen narrativo)». *Verdad, [narración], justicia*, Málaga, UMA.

CARRÈRE, E. (2023): *V13. Crónica judicial,* Barcelona, Anagrama.

CARRASCO-CONDE, A. (2021): *Decir el mal,* Barcelona, Galaxia Gutenberg.

CLARAMONTE, J. (2012): *La república de los fines,* Murcia, CENDEAC.

CLARAMONTE, J. (2017): *Lukács Reloaded,* en http://jordiclaramonte.blogspot.com. (Última visita 8/7/22).

CLARAMONTE, J. (2020). *Estética y teoría de la complejidad,* Umática. Revista sobre Creación y Análisis de la Imagen, 3. https://doi.org/10.24310/Umatica.2020.v2i3.12177. (Última visita 13/7/2022).

DE SUTTER, L. (2023): *Magia. Una metafísica del vínculo social,* Barcelona, Herder.

DEL CASTILLO, R. (2022): *Divinos detectives,* Madrid, Círculo de Bellas Artes.

DELEUZE, G. y GUATTARI, F. (2006): *¿Qué es la filosofía?,* Barcelona, Anagrama.

DOMINGO MORATALLA, T. «Hannah Arendt, intérprete de Bertolt Brecht. Sobre la fragilidad y banalidad del bien» en SÁNCHEZ MADRID, N. (Ed.), *Hannah Arendt y la literatura*, Barcelona, Bellatera, 2016, pp. 111-140.

ESQUIROL, J.M. (2021): *Humano, más humano. Una antropología de la herida infinita*, Barcelona, Acantilado.

FRAENKEL, E. (2022): *El estado dual. Contribución a la teoría de la dictadura*, Madrid, Trotta

FOUCAULT, M. (2017): *La verdad y las formas jurídicas,* Barcelona, Gedisa.

GARCÉS, M. (2022): *Malas compañías,* Barcelona, Galaxia Gutenberg.

GARCÍA-MORÁN ESCOBEDO, J. (2000): *Frágil idea de humanidad,* RIFP nº 15, pp. 73-98.

GINZBURG, C. (1993): *El juez y el historiador,* Madrid, Anaya & Mario Muchnik.

GÓMEZ DE LIAÑO, I. (2020): *Filosofía y Ficción,* Benalmádena, EDA libros.

GONZÁLEZ-VALERIO, M.A. (2002): *Entre filosofía y poesía,* Acta Poética 23.

HAN B.CH. (2020): *El aroma del tiempo*, Barcelona, Herder.

HAN B.CH. (2023): *La crisis de la narración*, Barcelona, Herder.

HUNT, L. (2009): *La invención de los derechos humanos*, Barcelona, Tusquets Editores.

KANT, I. (1981): *La religión dentro de los límites de la mera razón,* Madrid, Alianza Editorial.

KANT, I. (2012): *Fundamentación para una metafísica de las costumbres,* Madrid, Alianza Editorial.

KUNDERA, M. (2000): *La ignorancia,* Barcelona, Tusquets

LAKOFF, G. y JOHNSON, M. (2017): *Metáforas de la vida cotidiana*, Madrid, Cátedra

LUKÁCS, G. (1965): *Estética,* Barcelona, Grijalbo.

LLEDÓ, E. (2018): *Días y libros*, Barcelona, Austral.

MAILLARD, C. (2019): *La compasión difícil,* Barcelona, Galaxia Gutenberg.

MAILLARD, C. (2021): *La razón estética,* Barcelona, Galaxia Gutenberg.

MARRADES, J. (2002): *La radicalidad del mal banal,* LOGOS, Anales del Seminario de Metafísica, vol. 35, pp. 79-103.

MÈLICH, J.C. (2021): *La fragilidad del mundo. Un ensayo sobre el tiempo precario*, Barcelona, Tusquets Editores.

MÈLICH, J.C. (2022): *La experiencia de la pérdida,* Barcelona, Fragmenta editorial.

MUGUERZA, J. (1988): *Ética, disenso y derechos humanos,* Madrid, Argés

MUGUERZA, J. (1994): *El tribunal de la conciencia y la conciencia del tribunal (una reflexión ético-jurídica sobre la ley y la conciencia),* DOXA Cuadernos de Filosofía del Derecho. Núm. 15-16.

MUGUERZA, J. (2000): *La lucha por los derechos (Un ensayo de relectura libertaria de un viejo texto liberal),* RIFP nº 15, pp. 43-59.

MUGUERZA, J. «La obediencia al Derecho y el imperativo de la disidencia» en GÓMEZ C. (Ed.): *Doce textos fundamentales de la Ética del siglo XX,* Madrid, Alianza Editorial, 2014, pp. 280-308.

ONFRAY, M. (2021): *El sueño de Eichmann,* Barcelona, Gedisa.

RENDUELES, C. (2015): *Capitalismo canalla. Una historia personal del capitalismo a través de la literatura,* Barcelona, Seix Barral.

RICOEUR, P. (2006): *Sí mismo como otro*, Madrid, Siglo XXI Editores.

ROMEO CASABONA, C.Mª. (2018): *Riesgo, procedimientos actuariales basados en inteligencia artificial y medidas de seguridad,* Revista de Derecho, Empresa y Sociedad (REDS) nº 13.

RORTY, R. (1991): *Contingencia, ironía y solidaridad,* Barcelona, Paidós.

RORTY, R. (2009): *Una ética para laicos,* Buenos Aires, Katz editores.

SÁNCHEZ MADRID, N. (2021): *Hannah Arendt: La filosofía frente al mal,* Madrid, Alianza Editorial.

SÁNCHEZ MECA, D. (2016): *Conceptos en imágenes,* Madrid, Avarigani Editores.

SÁNCHEZ USANOS, D. (2017): *A tres versos del final. Filosofía y literatura,* Madrid, Siglo XXI editores.

SANDEL, M. (2013): *Lo que el dinero no puede comprar,* Barcelona, Debate

SHKLAR, J. (2021): *Legalismo. Derecho, moral y juicios políticos,* Madrid, Clave intelectual.

STUCKA, P.I. (1974) *La función revolucionaria del derecho,* Barcelona, Península.

TALAVERA, P. (2006): *Derecho y literatura,* Granada, Comares.

VALCÁRCEL, A. (2010): *La memoria y el perdón,* Barcelona, Herder.

VALERO, V. (2018): *Duelo de alfiles,* Cáceres, Editorial Periférica.

VALLEJO, I. (2019): *El infinito en un junco,* Madrid, Ediciones Siruela.

VÁSQUEZ ROCCA, A. (2006): *Rorty: el Giro narrativo de la Ética o la Filosofía como género literario,* Límite Revista de Filosofía y Psicología, Vol. 1, Nº 13, pp. 5-23.

VATTIMO, G. (2010): *Adiós a la verdad,* Barcelona, Gedisa.

VATTIMO, G. (2012): *Vocación y responsabilidad del filósofo,* Barcelona, Herder.

VERGÈS, J. (2013): *Justicia y Literatura,* Barcelona Península.

VILAPLANA, J. (2021): *La posverdad a juicio. Un caso sin resolver,* Madrid, Libros de la Catarata.

YOUNG, I.M. (2011): *Responsabilidad por la justicia,* Madrid, Morata.

ZAMBRANO, M. (1996): *Filosofía y Poesía,* México, FCE.

ŽIŽEK, S. (2021): *Como un ladrón en pleno día,* Barcelona, Anagrama.

Este libro ha sido realizado con la fuente de letra denominada Ibarra Real. Se trata de una bella tipografía histórica española que tiene su origen en la Imprenta Real de España, en tiempos de Carlos III (1759-1788), y que hoy, dos siglos y medio después, ha sido adaptada con el objeto de poder ser utilizada en nuevos soportes y con las actuales tecnologías.

De esta manera Última Línea desea apoyar y contribuir a difundir el extraordinario patrimonio cultural y tipográfico español.